Comunicazione Assertiva

Come comunicare in modo efficace, esprimersi senza timore e farsi rispettare in ogni occasione

Giulia Nobili

Sommario

1.INTRODUZIONE

Oggigiorno disporre di alcune abilità sociali è fondamentale sia in ambito personale che professionale. L'assertività è una di queste, il suo nome potrebbe sembrarti nuovo e non dirti molto ma possiamo assicurarti che si tratta di una competenza comunicativa che pervade la vita quotidiana di tutti.

Essere assertivi o non esserlo fa la differenza e avere uno stile comunicativo non assertivo ha ripercussioni negative nelle relazioni interpersonali e, di conseguenza, sul benessere soggettivo di un individuo.

Grazie a questo testo conoscerai a fondo le caratteristiche dell'assertività, avrai più chiaro se sei già in grado di metterla in pratica nelle tue relazioni quotidiane di vario tipo e troverai anche tecniche, consigli ed esercizi per potenziarla nel caso non fosse la tua abilità comunicativa principale.

Il concetto di assertività è connesso strettamente ad altri come quello di autostima e conflitto, per questo abbiamo dato spazio anche a questi costrutti per approfondirli e fornire strumenti per migliorare le proprie abilità rispetto ad essi.

Ti auguriamo una buona lettura e che quanto troverai nelle prossime pagine possa tornarti utile in vari aspetti della tua vita di tutti i giorni e in particolare sul lavoro, con i tuoi colleghi o dipendenti. Un altro contesto in cui torna utile avere conoscenze riguardo all'assertività è quello della famiglia, risulta fondamentale infatti per comunicare al meglio con il tuo partner e per educare i tuoi figli fornendogli tutti gli strumenti possibili per acquisire le abilità sociali necessarie per relazionarsi in modo sano con gli altri nel corso della loro vita.

2. CHE COS'È L'ASSERTIVITÀ E PERCHÉ È IMPORTANTE NELLA NOSTRA VITA

Che cos'è l'assertività

Il concetto di assertività fa riferimento alla capacità di comunicare e trasmettere alle persone che ci circondano i nostri sentimenti e bisogni evitando di offenderle o ferirle.

L'assertività è un'abilità sociale e comunicativa che riunisce i comportamenti e i pensieri che ci permettono di difendere i diritti di ognuno senza aggredire né essere aggrediti. Si tratta quindi di una modalità di reazione che è il termine medio tra passività e aggressività.

Quando interagiamo con gli altri possiamo avere la tendenza a adottare una postura aggressiva oppure una passiva; ad ogni modo esprimersi in modo inappropriato è di solito la conseguenza di una mancata fiducia in se stessi.

In primo luogo, bisogna capire cosa significa essere assertivi e perché è così importante coltivare questo aspetto della personalità. Un aspetto da tenere in considerazione è che l'assertività si può osservare nelle nostre relazioni sociali e personali e che esistono persone che tendono a comunicare in modo aggressivo o passivo quando invece l'aspetto cruciale e desiderabile sarebbe quello di essere in grado di comunicare con assertività ed empatia. Risulta infatti molto utile essere assertivi in ambito professionale perché aiuta ad arrivare ad accordi e compromessi e a ottenere tutti i benefici di un buon clima lavorativo.

Esempi di assertività

Di seguito, con alcuni esempi di assertività e di comunicazione assertiva, ti mostriamo che cos'è questa abilità sociale affinché ti risulti chiaro individuarla anche nella tua vita quotidiana.

Immagina la situazione di sederti al ristorante per una cena, quando il cameriere ti porta ciò che hai ordinato ti accorgi che una delle posate è sporca. Di fronte a questa situazione potresti:

- Non dire nulla ed utilizzare le posate passando sopra alla sensazione di disgusto;
- Fare una scenata nel locale dicendo al cameriere che non pensi tornare mai più in quel ristorante;
- Chiamare il cameriere e chiedergli gentilmente di cambiarti forchetta e coltello.

È abbastanza facile intuire che la prima e la seconda condotta non rientrano nell'ambito della comunicazione assertiva. In questa situazione, se il tuo obiettivo è ridurre lo stress e trattare gli altri con rispetto la terza alternativa è l'opzione più assertiva che puoi portare a termine. Pertanto, la prima opzione è un esempio di condotta passiva e la seconda di uno stile aggressivo.

Ora puoi intuire come l'assertività consista in una capacità sociale in cui si impara ad esprimere i propri sentimenti ed emozioni mentre si fa in modo di rispettarsi senza mettere in gioco condotte aggressive. Una persona assertiva è quindi colei che riesce a comunicare utilizzando l'assertività, è in gradi di rispettare sia gli altri che se stessa.

Vediamo di seguito un diagramma che chiarisce ulteriormente come l'assertività sia qualcosa di specifico e non vada confuso con altri tipi di reazioni.

Consider azione dell'altro (COME dico le cose)	Io perdo, tu vinci (Sottomissione)	**Io vinco, tu vinci (Assertività)**
	Io perdo, tu perdi (Evasione)	Io vinco, tu perdi (Aggressività)
	Onestà verso se stessi (COSA dico)	

Ora che hai più chiaro il concetto di assertività e ne conosci la definizione puoi domandarti se sei una persona assertiva. Per sapere la risposta dovrai osservare il tuo modo di relazionarti e di comunicare con gli altri in diversi ambiti. Ciò ti aiuterà a capire quali abilità connesse all'assertività possiedi.

Perché il comportamento passivo non è assertivo

Identificare un comportamento passivo o non assertivo è semplice, le persone che adottano questo genere di condotta tendono a essere alla ricerca continua di compiacere gli altri e di realizzare i desideri altrui. Hanno una forte bisogno di essere valorizzati, per cui le loro azioni hanno spesso come obiettivo il compiacere il prossimo con il rischio di mettere in secondo piano i loro diritti individuali e la confidenza in se stessi. Questo tipo di comportamento è caratterizzato dal lasciare la responsabilità in mano degli altri e accettare e che gli altri ti dirigano e prendano decisioni per te.

Il miglior modo per correggere questo tipo di comportamenti è imparare a dire di no nel caso venga richiesto di eseguire un compito per il quale non si ha tempo o che non porterà alcun beneficio.

Perché il comportamento aggressivo non è assertivo

Quando una persona agisce in modo aggressivo non tiene in considerazione i sentimenti altrui e, in altre parole, non mostra apprezzamento verso il prossimo. Questo genere di atteggiamento può avere conseguenze indesiderabili per le persone con cui si comunica dato che spesso l'aggressività ostacola i passi positivi in avanti. Una risposta aggressiva favorisce inoltre a sua volta una replica non assertiva.

Non è necessario urlare per essere aggressivi. Una posizione aggressiva è rappresentata anche dal non porre attenzione alle richieste altrui, non ascoltare i loro argomenti e imporre unicamente le proprie idee e argomentazioni.

Per farsi rispettare non è necessario fare paura

A volte incontriamo persone che confondono il rispetto con la paura. Quando temi qualcuno finisci per fare ciò che vuole per paura, non perché lo rispetti. La paura genera frustrazione, odio, vendetta e ciò non ha nulla a che vedere con un rispetto autentico per l'altro e i suoi valori. Quando si "rispetta" qualcuno perché lo si teme dato che potrebbe farci del male non appena perde tale capacità perde anche tutto il "rispetto" che aveva. Ad alcune persone piace incutere timore, tuttavia far paura per far valere le proprie idee e opinioni non aiuta a essere felici.

Che cos'è l'assertività nella comunicazione: esempio di dialogo

Ora che sai cosa sia questa abilità sociale, devi sapere che esistono molte tecniche per essere assertivi. Una delle tecniche che funzionano meglio è disarmare l'altro con un complimento o riconoscendo il suo lavoro per poi passare ad esprimere ciò di cui hai bisogno. Vediamo di seguito un esempio illustrativo:

Marta: "Giorgio, potresti andare a prendere i bambini a scuola? Devo finire di preparare una presentazione per domani e credo di non fare in tempo.”

Giorgio: “Mi dispiace Marta, sono appena tornato dal lavoro e sono molto stanco, vai tu.”

Marta: “So che sei stanco e lo capisco perché trascorri molte ore al lavoro. Il tuo capo dovrebbe rendersi conto di questo e non sovraccaricarti con troppe pratiche. Però per favore ti chiedo di andare a prendere i bambini perché devo finire questo lavoro per domani. Dopo potremo riposare.”

In questo esempio vengono difesi i propri diritti senza screditare quelli dell'altro dato che non viene emesso nessun ordine né viene espressa aggressività verso l'altra persona.

Ricorda che essere assertivo non significa avere sempre ragione ma esprimere le proprie opinioni e punti di vista siano essi giusti oppure no. Tutti abbiamo diritto a sbagliare e a non essere giudicati per questo in modo eccessivo.

Come essere una persona assertiva

Iniziamo a vedere qualche consiglio per essere assertivi:

- Non permettere che altre persone ti impongano ordini se essi vanno contro i tuoi principi o desideri. Evita di farti manipolare.
- L'assertività implica comunicare il tuo punto di vista senza che nessuno ci passi sopra e allo stesso tempo include il rispetto degli altri.
- Non permettere che ti offendano o minaccino. Evita quindi situazioni che ti causino stress o ansia. L'assertività fa da corazza contro l'umiliazione ed è un atteggiamento che porta al successo.
- Essere assertivi significa essere aperti a esprimere pensieri, desideri e sentimenti. Spinge inoltre gli altri a fare altrettanto.
- Per essere una persona assertiva devi ascoltare le opinioni e i consigli degli altri. Se consideri questi consigli positivi per la tua vita, accettali. Altrimenti rifiutali con delicatezza e non offenderai nessuno.

Comportamenti che rafforzano questa abilità

Quali condotte possono allora rafforzare l'abilità sociale dell'assertività?

- Accettare le responsabilità e saper delegare.
- Ammettere i propri errori e chiedere scusa quando si sbaglia.
- Non essere conformisti, cercare nuove esperienze e alternative per migliorare la propria vita personale e professionale.

Caratteristiche di una persona assertiva

Abbiamo già visto che i tre stili di comunicazione possibili sono passivo, aggressivo e assertivo; tutti e tre formano un continuum in cui l'assertivo è il punto medio ottimale tra gli altri due. Vediamo quali sono le caratteristiche o il profilo di una persona assertiva e quelli di una che non lo è.

Caratteristiche di una persona assertiva

La comunicazione tra persone fluttua nel continuum appena descritto in base a situazioni e circostanze ma ogni persona ha una tendenza generale verso uno stile comunicativo. Per esempio, le persone assertive in alcune occasioni possono adottare qualche atteggiamento dello stile comunicativo passivo o aggressivo. Tuttavia, vengono categorizzare nello stile assertivo perché la loro tendenza generale è quella di relazionarsi con gli altri in questa modalità. Le loro caratteristiche tendono a essere le seguenti.

Rispettano gli altri ma anche loro stessi, conoscono i loro diritti e li difendono, lo fanno senza avere l'obiettivo di vincere ma quello di arrivare a un accordo con l'altro. Nello specifico:

- **Parlano in modo tranquillo e diretto.** In una persona assertiva possiamo osservare fluidità, volume della voce e ritmo di eloquio adeguati, sicurezza, contatto oculare diretto, rilassamento del corpo, postura comoda e assenza di blocchi. La persona dice ciò che vuole in modo diretto, sa realizzare e ricevere complimenti ed è in grado di domandare o rispondere a domande in modo adeguato. I suoi gesti sono fermi e non bruschi.
- **Esprime i suoi sentimenti e opinioni.** La persona assertiva è capace di esprimere ciò che pensa e crede nonostante le sue opinioni differiscano da quelle dell'altro. Può parlare apertamente

e con onestà dei suoi gusti e interessi. È capace di esprimere disaccordo rispetto agli altri e a dire di "no".

- **Rispetta le opinioni altrui.** Chi è assertivo sa accettare i suoi errori e sa rispettare la posizione e le credenze altrui, nonostante non le condivida.

- **Dà voce ai suoi sentimenti sia positivi che negativi.**

- **Agisce in modo adattativo**. È in grado di adattarsi al contesto e agisce in modo efficace in ogni situazione.

- **Ha un'autostima sana.** Chi è assertivo non si sente né inferiore né superiore agli altri, non ha bisogno di dimostrare nulla attraverso la comunicazione aggressiva, si sente bene con se stesso e non pretende ferire gli altri.

- **Comunica dalla serenità.** Sa parlare dalla calma e quando l'intensità emotiva non è in uno dei suoi picchi, ha una sensazione di controllo emozionale.

- **Il suo obiettivo è il punto di incontro.** A una persona assertiva non interessa ottenere ciò che vuole a qualsiasi prezzo ma arrivare a un accordo tra le due parti e che benefici entrambi.

- **Ha relazioni interpersonali soddisfacenti e fruttuose.** Le persone assertive hanno relazioni sane nella loro vita e la loro modalità comunicativa favorisce che vengano valorizzate dagli altri e che abbiano una buona rete di appoggio.

Vediamo un esempio di un dialogo di una persona assertiva:

Persona 1: "Ciao, mi hai portato il manuale dell'università che ti ho prestato settimana scorsa?"

Persona 2: "No, l'ho dimenticato un'altra volta!"

Persona 1: "Capisco che tu sia molto occupato sul lavoro ma a me serve quel libro e non è la prima volta che ti dimentichi, che ne dici se domani ti invio un messaggio per ricordarti di prenderlo e portarlo con te?"

Persona 2: "Perfetto, ottima idea!"

Caratteristiche di una persona non assertiva: comunicazione passiva

Le caratteristiche di una persona non assertiva con stile passivo sono le seguenti:

- **Parla poco e a bassa voce.** In una persona passiva si osserva un volume della voce poco elevato e un eloquio poco fluido, si blocca, balbetta, è insicuro e spesso resta zitto. Le persone con uno stile di comunicazione passivo utilizzano spesso parole come "Forse", "Immagino"... Fanno poche domande e rispondono con poche parole. Fanno fatica a mantenere il contatto oculare, abbassano lo sguardo, hanno il viso teso, stringono i denti e le loro mani possono tremare mentre la postura del corpo in generale è tesa e scomoda. Sorridono poco e hanno movimenti nervosi.
- **Non esprime i suoi pensieri e opinioni.** La persona passiva non è capace di esprimere ciò che pensa, soprattutto se le sue opinioni sono diverse da quelle altrui.
- **Antepone le opinioni altrui alle sue.** Una persona passiva rispetta le idee degli altri e gli dà più importanza che alle sue. Così evita di infastidire o offendere

l'interlocutore. Si sacrifica e si preoccupa eccessivamente di soddisfare gli altri.

- **Non esprime i suoi sentimenti.** Le persone passive tendono a sentirsi incomprese, manipolate e non prese in considerazione ma non lo esprimono. Presentano disonestà emozionale; anche se si arrabbiano non lo dimostrano e non manifestano i loro sentimenti reali.
- **Tiene in considerazione i diritti degli altri.** Questo genere di persone tende ad anteporre i diritti degli altri annullando i propri, rispettano il prossimo in modo molto scrupoloso ma non fanno altrettanto con se stessi.
- **Agisce dalla paura.** Si sente insicuro e non vuole disturbare nessuno.
- **Ha una bassa autostima.** Le persone passive tendono a non sentirsi a proprio agio con se stesse e hanno bisogno di sentirsi amate e apprezzate da tutti. Di conseguenza, agiscono per compiacere gli altri.
- **Responsabilizza gli altri.** Questo genere di persone si lamentano con frequenza degli altri: "Marco non mi capisce", "Giulio è un egoista e si approfitta di me", ecc.

- **Il suo obiettivo è non far arrabbiare il prossimo.** Una persona passiva è terrorizzata dall'idea di dover affrontare un conflitto, non sa gestire il disaccordo con gli altri e si considera incapace di affrontare qualcuno; per questo dà priorità alle opinioni e ai desideri degli altri a qualsiasi prezzo.
- **Ha relazioni interpersonali poco sane.** Questo genere di persone fatica a sentirsi a proprio agio in molte relazioni sociali; mantenere questo stile comunicativo provoca infatti sentimenti di ansia, frustrazione, tristezza.

Di seguito, un esempio di come affronterebbe un dialogo una persona passiva:

Persona 1: "Ciao, mi hai portato il manuale dell'università che ti ho prestato settimana scorsa?"

Persona 2: "No, l'ho dimenticato un'altra volta!"

Persona 1: "Ah ok, non importa."

Persona 2: "Non ti crea un problema, vero?"

Persona: "In realtà ne avevo bisogno oggi ma non preoccuparti, non fa niente."

Persona 2: "Domani te lo porto, ok?"

Persona 1: "Va bene."

Caratteristiche di una persona non assertiva: comunicazione aggressiva

Lo stile di comunicazione aggressivo è il contrario di quello passivo, sta all'estremo opposto del continuum in cui l'assertività si trova nel mezzo. In entrambi questi stili disfunzionali è consigliabile migliorare le abilità sociali per essere in grado di avere uno stile assertivo.

Le caratteristiche di una persona non assertiva con stile aggressivo sono le seguenti:

- **Parla molto e a volume alto.** Una persona dallo stile comunicativo aggressivo tende ad avere un eloquio rapido, la voce alta e uno stile secco e tagliente. Utilizza imperativi e un linguaggio sprezzante che può arrivare a contenere insulti e minacce. Nel contatto visivo si percepisce un atteggiamento di sfida. Ha il viso e le mani tese e adotta una postura corporea che invade lo spazio personale dell'interlocutore che a sua volta si sente invaso e minacciato. Gesticola con movimenti di minaccia.

- **Esprime pensieri e opinioni senza filtro.** La persona aggressiva esprime ciò che pensa senza tenere in considerazione i sentimenti altrui.

- **Antepone i suoi desideri e opinioni.** Questo genere di persone manifestano i loro desideri e opinioni come se fossero le uniche alternative valide, non rispettano le idee degli altri e a volte non permettono nemmeno che possano esprimerle.

- **Esprime le sue emozioni senza controllo.** Queste persone sono solite avere scatti di rabbia incontrollati che sono il frutto di un accumulo di tensioni e di ostilità. Non hanno abilità sociali per riuscire a regolare l'espressione emotiva.

- **Non considera i diritti degli altri.** Le persone aggressive difendono i loro interessi senza rispettare i diritti del prossimo.

- **Agisce dalla paura.** Queste persone pensano che se non si comportano in questo mondo saranno estremamente vulnerabili.

- **Ha una bassa autostima.** Non si sente a suo agio con se stessa e per questo ha bisogno di sentirsi rispettata dagli altri, si difende attaccando per "battere" l'altro a livello comunicativo.

- **Non ascolta.** Le persone aggressive comunicano in modo unidirezionale, non ascoltano e adottano un atteggiamento sprezzante nei confronti degli altri.

- **Il suo obiettivo è vincere.** Queste persone tendono a non sopportare che le cose non vadano come vogliono, pensano che la priorità è ottenere ciò che vogliono a qualsiasi prezzo.

- **Ha relazioni interpersonali poco sane.** È complicato avere a che fare con persone aggressive, tendono a provocare una sorta di rifiuto nei loro confronti. Possono sentirsi quindi sole, frustrate, incomprese e colpevoli. Il loro atteggiamento di disprezzo e la mancanza di rispetto verso il prossimo possono generare grandi conflitti nelle relazioni con gli altri.

Ecco un esempio di come affronterebbe un dialogo una persona aggressiva:

Persona 1: "Ciao, mi hai portato il manuale dell'università che ti ho prestato settimana scorsa?"

Persona 2: "No, l'ho dimenticato un'altra volta!"

Persona 1: "È già la quarta volta che ti dimentichi!"

Persona 2: "Stavo per prenderlo ma all'ultimo momento me ne sono scordato."

Persona 1: "Come al solito, non ti ricordi mai niente, lo voglio subito!"

Cosa vuol dire farsi rispettare e quali sono i punti chiave per ottenere rispetto

Chiunque merita di essere rispettato e riconosciuto per quello che è. Il rispetto si può definire come il riconoscimento di se stessi quali entità uniche considerate uguali agli altri. Quando parliamo di "farsi rispettare" ci riferiamo al fatto che desideriamo che le persone con cui ci relazioniamo ci riconoscano come pari, ci diano valore e accettino le nostre opinioni e visioni del mondo, indipendentemente dal fatto che le condividano o no.

Per farsi rispettare è necessario avere autostima, assertività e autenticità. Parleremo ampiamente dei primi due punti e per quanto riguarda la autenticità bisogna pensare che viviamo in un mondo in cui vogliamo essere originali ma allo stesso tempo accettati dagli altri e "uguali" a loro. Abbiamo bisogno di sentirci simili agli altri membri di un gruppo ma anche unici e irripetibili. In fondo, l'unico modo per farsi rispettare è essere se stessi, restando fedeli ai propri principi. Puoi sforzarti di cambiare gli aspetti di te che non ti piacciono ma difficilmente sarai felice e verrai rispettato quando ti sforzi di essere qualcuno che non sei.

Quali sono quindi gli aspetti fondamentali per farsi rispettare? Vediamoli di seguito:

1. Migliorare la propria autostima
2. Imparare a essere assertivi
3. Essere autentici
4. Mostrarsi agli altri come una persona sicura di se stessa
5. Non pretendere di piacere a tutti
6. Trattare le persone intorno a sé come ci piacerebbe essere trattati

7. Pensare ciò che si dice e dire ciò che si
   pensa
8. Non perdere le staffe (urlare, minacciare,
   insultare…) né consentire che nessun
   altro le perda nei propri confronti
9. Imparare a stabilire limiti per le persone
   che non ci portano rispetto
10. Imparare a dire "grazie", "scusa" e saper
    chiedere perdono quando è necessario.

3. TECNICHE ED ESERCIZI PER MIGLIORARE L'ASSERTIVITÀ IN DIVERSE SITUAZIONI

In questo capitolo vedremo tre tecniche per sviluppare l'abilità sociale e la capacità dell'assertività. Si tratta di alcune risorse per gestire una discussione, per una ristrutturazione cognitiva e per la riduzione dell'ansia.

Tecniche assertive per le discussioni

- Tecnica del disco rotto: consiste nel ripetere lo stesso argomento diverse volte in modo paziente e tranquillo, senza entrare in discussioni.
- Rinvio assertivo: si posticipa la discussione per un altro momento in cui sia più facile avere il controllo della situazione.

- Banco di nebbia: si dà ragione all'interlocutore evitando di entrare in discussioni maggiori. Gli si comunica con voce calma e persuasiva che in parte ha ragione.
- Relativizzare l'importanza dell'argomento: si tratta di mostrare che a volte è più importante non entrare in discussione e capire che non porta da nessuna parte. Per esempio, interrompere una discussione con un commento tipo: "Forse questa discussione non ha l'importanza che le stiamo dando."
- Tecnica della domanda assertiva: si parte dal presupposto che la critica dell'altro sia ben intenzionata (anche se non lo è). Gli si fa una domanda affinché chiarisca ciò che abbiamo fatto male e chiedendo come possa essere fatto bene secondo lui. Esempio: "Como vuoi che cambi perché non succeda di nuovo?"
- Differenziare un comportamento da un atteggiamento: dimostrare all'altro che nonostante abbia commesso un errore ciò non implica che sia una cattiva persona. Esempio: "Nonostante sia arrivato tardi non significa che sia una persona poco puntuale o ritardataria".

La ristrutturazione cognitiva

La ristrutturazione cognitiva è un metodo terapeutico di intervento che ha la finalità di dotare la persona di risorse sufficienti per rendere la sua vita più facile di fronte a problemi o conflitti che sorgono nella quotidianità.

Nella ristrutturazione cognitiva il terapeuta utilizza diversi metodi per modificare i pensieri negativi facendo in modo che il cliente si renda conto del tipo di cognizioni o di linguaggio che utilizza e possa quindi modificarli.

Con questo metodo si insegna alla persona un metodo per identificare le convinzioni irrazionali (come ad esempio: "Certe persone sono vili, cattive e devono essere punite e colpevolizzate per la loro cattiveria" oppure "È più facile evitare piuttosto che affrontare determinate difficoltà o responsabilità nella vita") perché siano in ultima analisi capaci di farlo da sole e migliorare così la loro qualità di vita. La finalità di questo tipo di terapia è quella di fornire al soggetto strumenti per difendersi in modo sano dalle difficoltà della vita.

Riduzione dell'ansia

Affrontare una conversazione mantenendo la calma ed essendo assertivi, senza cioè arrabbiarsi e neppure cedere adottando un atteggiamento passivo, richiede una buona gestione dell'ansia che può venire scatenata dal non trovarsi d'accordo con un interlocutore.

Esistono diverse tecniche per fare ciò che spesso si basano sul controllo della respirazione che porta a rilassarsi. Vediamo alcuni semplici esercizi di respirazione (e un paio che riguardano più nello specifico il rilassamento) per calmare corpo e mente:

1. **Respirazione profonda**: si tratta dell'esercizio più semplice di tutti e consiste nell'inspirare dal naso, mantenere l'aria nei polmoni per qualche istante e infine lasciarla uscire lentamente dalla bocca. Ognuno dei tre passi deve durare circa quattro secondi.
2. **Respirazione diaframmatica-addominale**: per realizzarla bisogna trovarsi in un luogo comodo e possibilmente sdraiati o seduti. Come nel caso della respirazione profonda si realizzano le tre fasi già descritte ma

inoltre si posiziona una mano sullo stomaco e l'altra sul petto per controllare che l'aria arrivi in entrambe le zone dei polmoni. La mano sul ventre dovrebbe alzarsi nella fase di inspirazione. Questo esercizio provoca il controllo parasimpatico e una diminuzione del battito cardiaco. L'ideale sarebbe riuscire ad automatizzare questo tipo di respirazione.

3. **Respirazione completa**: si tratta di un mix delle due precedenti. Innanzitutto, bisogna svuotare completamente i polmoni e poi si inspira fino a riempire l'addome e continuando fino a sentire che anche la parte alta dei polmoni e il petto di gonfiano. Successivamente si procede a espellere l'aria lentamente dalla bocca sentendo come si svuota prima la parte alta dei polmoni e infine quella addominale.

4. **Respirazione alternata per le narici**: tecnica molto utilizzata da certe correnti di yoga e che si basa sull'alternanza delle due cavità nasali. In primo luogo, si blocca una fossa per realizzare un'ispirazione da quella libera, si chiude quella aperta e si lascia uscire l'aria dall'altra. Nella successiva inalazione si fa

entrare l'aria dalla fossa da cui precedentemente è uscita e si procede così, alternando le due cavità.

5. **Respirazione per il controllo della rabbia**: ideale per controllare l'aggressività in una situazione conflittuale. Se si pensa che inalare provoca l'arrivo dell'ossigeno e quindi di un certo grado di energizzazione di varie parti dell'organismo conviene concentrarsi sull'espirazione e per controllare la rabbia e così rilassarsi e liberarsi dalla pressione. Bisogna poi esalare con forza impegnandosi a svuotare completamente i polmoni con un'espirazione prolungata e potente. Quando il corpo lo richiede si passa di nuovo a inalare e si ripete il procedimento fino a che si sente che l'intensità dell'emozione diminuisce.

6. **Rilassamento muscolare progressivo di Jacobson**: si tratta di una tecnica che include il controllo della respirazione ma anche della tensione dei muscoli. Bisogna chiudere gli occhi e adottare una posizione comoda per poi iniziare a respirare in modo profondo e regolare. Successivamente si ripercorre tutto il corpo concentrandosi in diversi gruppi di

muscoli portandoli in tensione per periodi di 3-10 secondi e poi rilassandoli per il triplo del tempo. Il processo può partire dalle estremità per rivolgersi poi al tronco e alla testa.

7. **Visualizzazione guidata**: un altro meccanismo di rilassamento che permette di tranquillizzare la mente. Si basa nella realizzazione di un respiro profondo e regolare mentre un terapeuta (o una registrazione audio) indicano il tipo di pensiero o di immagini che il soggetto deve pensare. Di solito lo si porta a immaginarsi in uno scenario gradevole in cui si riesce a visualizzare raggiungendo i suoi obiettivi.

Consigli per trattare con una persona ostile senza perdere le staffe

Vediamo qualche spunto da avere in mente nel momento in cui ci si ritrova a interagire con una persona dalle tendenze ostili e aggressive. Si tratta di consigli pratici per mantenere una comunicazione assertiva e non cedere all'aggressività dell'altro.

Vediamo innanzitutto qualche spunto da avere chiaro al momento di fare richieste:

- Quando chiedi qualcosa non farlo "in cambio" di qualcos'altro, in altre parole non accettare né proporre ricatti emozionali o morali.
- Domandati se meriti davvero ciò che chiedi o pretendi.
- Non giustificarti né umiliarti di fronte all'altro ed evita di obbligarlo a fare qualcosa che non voglia portare a termine.
- Esprimiti con chiarezza, senza ambiguità o giri di parole.
- Mantieni la calma e l'autocontrollo.
- Se ricevi un no, dì che capisci le motivazioni del tuo interlocutore. Se consideri sia necessario e conveniente prova a riproporre in un altro momento la richiesta.

Atteggiamenti da adottare di fronte ad un interlocutore potenzialmente ostile:

- Non essere reattivo, ossia non seguire il gioco dell'altro e cerca di non alterarti, resta sereno.

- Non contro-argomentare e non contrastare l'altro. Le conversazioni malintenzionate non hanno come obiettivo il trovare un accordo mutuo ma cercare di manipolare e destabilizzare.

- Non accettare di stare al gioco dell'altro se percepisci che la conversazione prende una piega negativa.

- Se vieni criticato apertamente puoi reagire chiedendo all'altro di criticare costruttivamente i tuoi comportamenti, non dare per scontata la critica che potrebbe non essere vera ma relativa a un comportamento specifico e non al tuo essere. Sarà più facile mantenere la calma perché non ti sentirai colpito nell'orgoglio e potrai comunque mettere in dubbio la critica.

- Non prendere in modo personale le critiche o i rimproveri, sono risentimenti inutili.

- Salva sempre la dignità dell'altro, eviterai il suo risentimento e un'eventuale vendetta.

- Di fronte a un interlocutore aggressivo e arrabbiato guidalo a concentrarsi sui fatti, su ciò che è oggettivamente accaduto e non sulle persone coinvolte.

- Proponi di cercare soluzioni concernenti i fatti, non le persone coinvolte. I fatti possono essere modificati, le persone sono più difficili da cambiare e non sei nessuno per cambiare una persona.

A questo punto applica l'assertività seguendo i seguenti tre passi:

- Concentrati nell'esporre dati e fatti oggettivi, in questa fase non devi esporre sentimenti, opinioni o ragionamenti di nessun tipo.
- Esponi chiaramente ciò che desideri, spiega le tue ragioni, motivazioni personali e sentimenti coinvolti.
- Esponi chiaramente e senza giri di parole ciò che ti aspetti dall'altro.

4. L'ASSERTIVITÀ IN AMBITO LAVORATIVO E NEL CONTESTO FAMILIARE

Come essere assertivo in ambito professionale

Gran parte dello stress accumulato dai dipendenti in orario di ufficio sono vincolati a conflitti nelle relazioni interpersonali. Il contesto professionale è particolarmente complesso per diversi motivi: innanzitutto la pressione volta al rendimento obbliga a portare a termine lavori in tempi brevi, inoltre, la competitività è un fattore che può avere ripercussioni se si considera che alcuni lavoratori ammettono che gli manca un certo spirito di solidarietà coi colleghi. La comunicazione è uno dei pilastri fondamentali nel lavoro di squadra quindi vediamo come essere assertivi sul luogo di lavoro.

Fai domande, è il primo passo per essere assertivi sul lavoro

Nello svolgersi di uno scambio comunicativo in ufficio è importante non cadere nella trappola della supposizione costante. Quando dai per scontato il motivo per cui un collega si è comportato in un certo modo potresti sbagliare. Se vuoi conoscere un'informazione, allora, domanda.

Inoltre, se devi risolvere un problema con un collega cerca di farlo senza coinvolgere terze persone. Confida nel fatto che, con buona volontà da entrambe le parti, potrete chiarire la situazione e risolverla quanto prima.

Per essere assertivo nel contesto di lavoro inizia cercando di non fare errori in ambito interpersonale. Per esempio, non dare credito alle dicerie di cui non sei sicuro della fonte e, soprattutto, fai in modo di non criticare i colleghi alle loro spalle. Sforzati di essere una persona positiva ispirato da valori etici e che funge da modello per gli altri. Ricorda che tu sei la marca personale di te stesso e che è importante lasciare un segno positivo dove passi.

Approfondisci il concetto di intelligenza emozionale

Per essere più assertivo sul lavoro è fondamentale restare aggiornato su corsi di carattere tecnico e non lasciare da parte la formazione di competenze sociali come l'intelligenza emozionale. Per esempio, puoi partecipare a corsi su tecniche di negoziazione, sullo sviluppo di abilità per parlare in pubblico, sulla leadership, per la gestione dello stress o per migliorare la comunicazione.

Oggigiorno l'intelligenza emozionale viene presa in considerazione in ambito lavorativo come se si trattasse di un ingrediente come un altro e persino in fase di un'assunzione di nuovi impiegati. Per esempio, fai attenzione a come in nelle offerte di lavoro viene richiesto sempre più spesso che il candidato sia predisposto al lavoro di squadra.

In un processo di comunicazione hanno uguale importanza sia l'emittente che il destinatario, è importante quindi allenare l'ascolto attivo. Quando parli con un collega presta attenzione a ciò che ti sta dicendo e se ti sorge qualche dubbio chiedi chiarimenti. Non dimenticarti inoltre di utilizzare il giusto canale in base al tipo di comunicazione, se hai bisogno di una risposta urgente è preferibile fare una telefonata piuttosto che inviare una mail, ad esempio.

Definisci un obiettivo per essere assertivo sul lavoro

È evidente che oggi abbiamo a disposizione un'infinità di canali di comunicazione, tuttavia, la chiave per l'assertività è saper scegliere il canale più adeguato in ogni occasione e per farlo devi avere chiaro qual è l'obiettivo finale di quella specifica comunicazione. Per esempio, se vuoi chiedere un aumento di stipendio non puoi non considerare l'assertività come un potente alleato.

Se invece sei stanco di finire tardi tutte le giornate lavorative e di dover gestire compiti extra regolarmente allora dovrai importare la comunicazione con i tuoi superiori utilizzando l'assertività ma con un obiettivo comunicativo sicuramente diverso a quello che avresti in caso di voler chiedere un aumento.

Importanza dell'assertività per un leader in un contesto professionale

Come abbiamo già accennato potenziare l'assertività sul lavoro è un fattore chiave in un contesto aziendale dove le relazioni umane sono soggette a elevati livelli di stress dato che attraverso il comportamento si possono costruire culture partecipative e basate sulla fiducia e che impulsino all'eccellenza dell'azienda. Per ottenere ciò bisogna avere chiaro come sviluppare l'assertività sul lavoro.

L'assertività fa in modo che gli stimoli che ci arrivano siano proprio quelli che sono stati inviti dall'emittente e che quelli che inviamo a nostra volta siano proprio quelli che vogliamo inviare, nel rispetto degli altri e di noi stessi.

Quindi, come abbiamo già visto, la questione non è semplicemente non ferire il prossimo o evitare conflitti ma anche valorizzare le nostre idee partendo dal rispetto degli altri. Una persona è assertiva, anche sul lavoro, quando è capace di esercitare e/o difendere i suoi diritti personali come ad esempio poter dire "no", esprimere disaccordo, fornire un'opinione contraria oppure esprimere sentimenti negativi senza farsi manipolare né sottomettersi e senza manipolare o violare i diritti altrui, attraverso l'aggressività. Quindi, sul lavoro, una condotta assertiva include:

- Il diritto ad esprimere le proprie idee ed emozioni,
- Il diritto ad utilizzare il proprio tempo, i soldi e il proprio corpo come si vuole,
- Il diritto a chiedere aiuto e a fare domande quando lo si ritiene necessario,
- Il diritto a decidere quando si vuole o si può aiutare qualcuno oppure non farlo,
- Il diritto a cambiare idea e modi di agire,
- Il diritto a smettere di sentirsi inferiori e iniziare a ottenere successi.

Perché i leader devono essere assertivi

Una condotta assertiva facilita un flusso adeguato di informazione nei gruppi di lavoro e potenzia la creazione di più di una soluzione a possibili problemi professionali che possono sorgere nella quotidianità aziendale.

Di fatto le aziende sono fatte di costanti interazioni umane e, per questo, è fondamentale utilizzare uno stile comunicativo assertivo a livello organizzativo per stabilire legami solidi tra i professionisti; ciò è particolarmente necessario nel caso di leader e manager.

Sebbene gli esperti di risorse umane indichino che la sola assertività non è l'abilità sociale principale che identifica leader carismatici o efficienti, di sicuro influisce notevolmente sul grado di eccellenza dei dirigenti.

In uno studio sull'importanza dell'assertività nei leader, gli autori Zenger & Folkman evidenziarono come solo il 4,2% dei leader che ottennero un punteggio alto nel parametro della presa di decisioni e uno basso nell'assertività sul lavoro si posizionarono nella categoria di "Leader efficienti"; invece il 12,5% di quelli che ottennero un punteggio elevato di assertività ma basso nell'adeguata presa di decisioni, riuscirono a entrare nel gruppo dei leader efficienti.

Consigli per potenziare l'assertività lavorativa dei manager

I due autori appena citati, nell'articolo "The six secrets of successfully assertive leaders" hanno messo insieme una batteria di raccomandazioni per sviluppare l'assertività lavorativa nei profili dirigenziali delle aziende. Eccoli di seguito:

- **Connessione globale.** I leader assertivi interagiscono con tutti i professionisti che fanno parte dell'azienda, indipendentemente dal loro livello o dal dipartimento di appartenenza. Cercano di creare legami attraverso la comunicazione chiara, personale e diretta.

- **Dare l'esempio.** Quando un leader vuole che un'altra persona modifichi il suo comportamento è necessario che prima di tutto abbia mostrato di essere capace di fare altrettanto dando l'esempio.

- **Implicazione.** I leader efficienti non cercano riconoscimento o successo professionale, fanno in modo di coinvolgere tutti gli impiegati nell'ottenimento di un obiettivo comune e ciò contribuisce enormemente a garantire il successo del progetto.

- **Creare relazioni positive nell'azienda.** I leader capaci di essere assertivi sono in grado di creare un clima di fiducia che porta i lavoratori a rispettarli e ammirarli. Un leader autoritario può imporre il suo punto di vista ma otterrà anche resistenza e sfiducia.

- **Eccellenza.** Se all'assertività lavorativa si unisce una buona capacità di prendere decisioni l'eccellenza del leader sarà maggiore. Per ottenere ciò gli esperti consigliano di realizzare un'analisi approfondito di tutti i fatti, un esame delle tendenze e, soprattutto, del coinvolgimento dei collaboratori nel processo.

- **Onestà utile.** I commenti emessi in modo incorretto possono avere come conseguenza demotivazione o rabbia; gli esperti consigliano quindi di comunicare partendo dalla sincerità ma riflettendo su come fare in modo che il messaggio sia utile per tutte le parti coinvolte nel dialogo.

L'assertività in famiglia

Anche in ambito familiare l'assertività è un pilastro fondamentale per creare un sentimento di unione, fiducia e rispetto tra i componenti. Vediamo di seguito gli aspetti rilevanti da tenere presenti per praticare l'assertività in famiglia dato che l'assenza di questa abilità sociale può scatenare conflitti e tensioni emozionali.

La sfida più grande per le famiglie è riuscire a instaurare e mantenere una buona comunicazione perché è proprio attraverso questo aspetto che si creano legami basati sulla fiducia e il rispetto tra genitori e figli. La comunicazione che si instaura con la progenie è la chiave per migliorare le relazioni familiari e il clima generale della casa, per questo l'assertività è una componente fondamentale.

Come comunichi con i tuoi figli?

Innanzitutto, bisogna analizzare quale sia lo stile attuale di comunicazione con cui ci si esprime in famiglia e che viene utilizzato per comunicare con i figli, siano essi bambini o adolescenti. Devi avere chiaro che in un contesto familiare dove prevale lo stile assertivo i figli impareranno comportamenti di questo genere in modo più naturale.

Vediamo di seguito alcuni spunti per creare un ambiente idoneo in cui praticare l'assertività in famiglia:

- **Crea l'opportunità:** prendi tu l'iniziativa e inizia a comunicare con i più piccoli in modo democratico. Domanda loro opinioni e preferenze, mostra interesse per le loro attività e situazioni vitali, rispetta le loro decisioni.

- **Educa dando l'esempio:** i genitori rappresentano una guida per i figli, comunica con altre persone della vostra vita in modo assertivo e trasmetti così ai tuoi figli che il rispetto nei confronti degli altri è primordiale per instaurare relazioni sane.

- **Dai spazio al dialogo:** stabilisci un orario o degli spazi per condividere in famiglia, per conoscere le attività quotidiane reciproche, per domandare come sia andata la giornata a tutti.

- **Evita i confronti:** è importante ricordare che ogni persona è unica, pertanto non si può esigere lo stesso comportamento a tutti.

- **Elogia e riconosci gli errori:** chiedi scusa in modo adeguato quando è opportuno e fai complimenti se è il caso di farli. Lascia spazio all'espressione dei sentimenti.

Tecniche per utilizzare l'assertività in famiglia

L'assertività in ambito familiare deve essere orientata a migliorare le relazioni tra genitori e figli. A volte gli adulti si dimenticano di praticare questa abilità sociale perché sono convinti che non sia un compito del ruolo di genitori, ma non è affatto così e di seguito vediamo tre tecniche utili per promuovere l'assertività in casa:

- **La domanda assertiva:** questa tecnica consiste nel richiedere maggiori informazioni riguardo gli argomenti che ci vengono offerti quando veniamo criticati. Così si ha più chiaro a che cosa si riferisce la critica e in cosa ci viene richiesto di cambiare. All'ottenere l'informazione richiesta decidiamo se vogliamo cambiare per quei motivi oppure no.

  Esempio: Tuo figlio ti dice che non gli lasci fare ciò che vuole con i suoi amici.

  Puoi domandargli: "Che cosa ti infastidisce di preciso del mio comportamento?" oppure "Puoi dirmi come ti piacerebbe che agissi in tale situazione?"

- **L'accordo assertivo:** in questo caso si ammette di aver sbagliato ma si esprime che non si è d'accordo su come è stato espresso il disaccordo.

  Esempio: Tuo figlio è arrabbiato perché secondo lui gli hai fatto fare una figuraccia davanti ai suoi amici.

  Puoi rispondere: "Hai ragione, non avrei dovuto dirti quelle cose davanti ai tuoi amici, la prossime volta te le dirò quando siamo soli; tuttavia mi piacerebbe che anche tu ti comportassi in modo diverso."

- **Ignorare:** consiste nel non dare credito ad argomenti deboli che provocherebbero una discussione, l'obiettivo è quello di spostare l'attenzione sull'analisi. Con questa tecnica conviene adottare un tono specialmente gentile e comprensivo, rispettando la rabbia dell'altro.

  Esempio: Tuo figlio è molto arrabbiato con te perché non gli hai dato permesso di fare qualcosa.

Puoi rispondergli: "In questo momento non discuterò con te, sono arrabbiato e non sono disposta ad accettare una mancanza di rispetto. Parlremo quando ti sarai calmato."

Consigli per fomentare l'assertività in famiglia

Ecco alcuni spunti per fare in modo che l'assertività faccia parte della vita quotidiana in famiglia:

- **Tempo di qualità**: fomenta spazi che permettano di conoscersi profondamente, interessarsi alle amicizie, alle passioni e i passatempi altrui.
- **Ascolto attivo:** uno dei fattori chiave di una buona comunicazione è l'ascolto attivo che consiste nell'ascoltare e anche nel fare domande per ricevere chiarimenti su ciò che ci viene raccontato.
- **Linguaggio positivo:** cambiare il discorso negativo per uno positivo. Invece di dire "non urlare" dire "cerca di parlare con un tono più basso" mostrando

così un comportamento più empatico, positivo e aperto al dialogo.

- **Linguaggio non verbale:** presta attenzione al linguaggio del corpo, ai gesti, alla postura, alle espressioni facciali e al contatto visivo con l'altro per interpretare meglio il messaggio che ti sta inviando.

- **Empatia:** sii empatico quando si tratta di parlare con i tuoi figli e parti dal presupposto che loro potrebbero avere un altro punto di vista e idee diverse sugli argomenti.

Come insegnare l'assertività ai bambini

L'assertività, tra le altre cose, è anche la base di una sana autostima e ci aiuta a stabilire relazioni sociali salutari e armoniose, oltre a propiziare una comunicazione positiva con gli altri. Come aiutare i nostri figli a svilupparla, allora? Vediamo di seguito qualche esercizio ma prima, vediamo come insegnarla ai bambini:

Oltre ad essere un buon esempio di assertività per i tuoi bambini impegnati a **propiziare un buon ambiente comunicativo** dove percepiscano che c'è la fiducia sufficiente per esprimersi e in cui non verranno giudicati né criticati.

È importante anche **favorire l'espressione delle emozioni** e per fare ciò anche gli adulti non devono avere remore di mostrare le emozioni meno gradevoli per trasmettere l'idea che proprio tutte le emozioni sono accettabili, rispettabili e vanno espresse.

Inoltre, è bene dare ai bambini **strumenti per esprimersi con rispetto**, non devono imparare che per educazione è meglio stare sempre zitti, al contrario devono poter esprimere se qualcosa li infastidisce o non gli piace. Se in qualche occasione esprimono ciò in modo inadeguato li si può aiutare a trovare un modo più rispettoso di dirlo. Un trucco sempre valido è quello di parlare partendo dall'"io" e non dal "tu", ad esempio: "Io mi sono sentito offeso quando hai detto quelle cose, ti chiedo per favore di non ripeterle" invece di "tu mi hai fatto stare male" o "non ripetere quelle cose mai più!"

Per quanto riguarda i conflitti è importante che i bambini **imparino a negoziare e anche a cedere**. Molti adulti credono che negoziare con i bambini implica perdere la propria autorità e credibilità ma non è così. Insegnargli a negoziare implica dargli uno strumento che troveranno utilissimo nel corso della vita, sia a livello personale che professionale. Inoltre, quando negoziamo con i bambini gli trasmettiamo l'idea che ci interessano le loro opinioni e che rispettiamo i loro bisogni e ciò gli fa percepire come persone autonome e responsabili. Se noi negoziamo con loro essi impareranno a farlo con gli altri e acquisiranno uno strumento per la risoluzione assertiva dei conflitti.

Un'altra cosa importante da insegnare ai bambini è quella di **sapere dire "no"**. È indubbiamente più facile avere bambini che dicono sempre "sí" senza battere ciglio né dare alcun problema ma bisogna fare attenzione perché rischiano di diventare adolescenti sottomessi, senza una propria opinione né sufficiente forza per dire "no" a ciò che non vogliono fare o che percepiscono che potrebbe danneggiarli. È importante aiutarli ad avere un criterio proprio, a non sottomettersi all'opinione del gruppo e a dire di no quando qualcosa non gli piace o non gli va. Se tu rispetti il "no" di tuo figlio capirà che è legittimo, che può esprimerlo e che può fidarsi delle sue sensazioni e intuito.

È chiaro che ciò non significa non mettere alcun limite, bisogna invece fare attenzione al fatto che i bambini possano svilupparsi come essere indipendenti dagli adulti. Per questo è importante anche mostrargli l'amore incondizionato che provi per loro, indipendentemente dai loro comportamenti o dal fatto che pensino diversamente da te. Altrimenti favorirai comportamenti di accettazione e sottomissione e i bambini impareranno che per essere amati bisogna accettare e obbedire. Fai attenzione al pronunciare frasi come: "È una bambina buonissima", "Ci ascolta sempre e segue tutte le regole", "È un bambino molto obbediente"... potrebbero rappresentare una terribile condanna per tuo figlio.

Non dimenticare di potenziare la sua autostima affinché abbia un'immagine positiva di se stesso, si rispetti, si ami e si senta quindi libero di esprimersi liberamente senza timore alle critiche né al rifiuto. Deve avere chiaro che non è necessaria l'approvazione esterna per sentirsi bene con se stesso. Aiutalo inoltre a sviluppare l'empatia per renderlo capace di mettersi nei panni dell'altro e capire come si sentono le altre persone in determinate situazioni. Se lo aiuti a essere empatico lo aiuterai anche ad essere più assertivo perché capirà che le parole hanno ripercussioni ed effetti sugli altri, possono scatenare emozioni sgradevoli e far stare male.

3 esercizi per aiutare i tuoi bambini a esercitare l'assertività

Le seguenti attività sono adattabili a tutte le età infantili, possono essere fatte singolarmente ma se si ha intenzione di proporle tutte è meglio farlo seguendo l'ordine con cui vengono presentate.

1) *Esercizio sui tre tipi di comunicazione*

Questo gioco è pensato con l'obiettivo di spiegare ai bambini in forma divertente i tre tipo di stile comunicativo che esistono: passivo, aggressivo e assertivo. Per farlo l'ideale è disegnare tre personaggi che rappresentano i tre stili: una tartaruga, un drago che sputa fuoco e un bambino.

Si possono stampare le tre figure in bianco e nero e farle colorare al bambino perché familiarizzi con i personaggi, mentre gli si spiegano le caratteristiche di personalità di ognuno e, di conseguenza, anche i tre stili comunicativi.

Bisogna poi stampare una serie di frasi descrittive sottoforma di strisce. Per lo stile aggressivo alcune potrebbero essere ad esempio: "Non gli importano le opinioni altri", "A volte insulta, minaccia, umilia", "Impone le sue opinioni e decisioni", "Diventa aggressivo quando non gli si presta attenzione", ecc.

Per lo stile passivo: "Non sa dire di no", "Non esprime ciò che prova e non dice cosa vuole", "Ha paura di deludere gli altri", "Di solito è insicuro", ecc.

Per lo stile assertivo, infine: "Ascolta gli altri con rispetto", "È empatico", "Prende in considerazione le opinioni e i sentimenti altrui", "Ascolta e accetta le opinioni degli altri", "È in grado di farsi ascoltare e rispettare", ecc.

Dopo aver posizionato i tre personaggi sul tavolo si estraggono una a una le frasi e si leggono insieme al bambino, commentandole e aiutandolo a capire a quale dei tre personaggi si addicono di più. Ovviamente se durante l'esercizio il bambino fa domande o mostra dubbi è il momento di rispondere e di ampliare l'argomento.

2) Gioco di ruolo per lavorare sull'assertività

Non c'è niente di meglio che fare prove e allenarsi in un contesto sicuro per imparare a risolvere conflitti e accorgersi di che stili di comunicazione possono adottare gli altri. In questo esercizio basta avere carta e penna per rispondere a delle domande senza che gli altri vedano cosa scriviamo, se i bambini sono molto piccoli li si può aiutare scrivendo al posto loro.

Alcune domande potrebbero essere: "Che cosa possiamo mangiare domani a pranzo?" "Dove andremo a trascorrere le prossime vacanze?", "Che film possiamo guardare tutti insieme sabato prossimo dopo cena?", ecc. Si tratta di semplici scuse per aprire dibattiti e mettere in comune le risposte per poi negoziare una soluzione consensuata da tutti.

Il gioco può venire leggermente complicato inscenando i tre stili comunicativi, un adulto potrebbe prendere le parti di una persona dallo stile passivo, un altro di quello aggressivo e mostrare così al bambino delle caratteristiche di ognuno degli stili.

3) Tessere di assertività

Questa attività può risultare molto utile per propiziare un buon ambiente in casa o persino in un'aula scolastica, aiuta infatti a praticare l'assertività e a promuovere una buona comunicazione.

Basta creare quattro tipi di tessere con scritto in ognuna: "Grazie", "Scusa per", "Mi piacerebbe" e "Mi da fastidio". Le possiamo poi lasciare in un luogo visibile in casa o in classe e quando qualcuno desidera ringraziare, chiedere scusa, esprimere un desiderio o raccontare qualcosa che lo ha infastidito può prendere una delle tessere, completarla con il concetto che vuole e lasciarla in un luogo appropriato affinché venga trovata dalla persona a cui è indirizzata. Se questo gioco lo iniziano gli adulti sicuramente anche i bambini parteciperanno.

5. RELAZIONE TRA ASSERTIVITÀ E AUTOSTIMA

Che cos'è l'autostima? È un concetto che si può definire come la modalità in cui le persone si percepiscono e si valorizzano. Un errore comune è pensare che esiste una relazione tra l'autostima e il successo invece l'autostima ha a che fare con il grado di soddisfazione di ogni persona, oltre a come ci si giudica.

Dato che l'assertività fa riferimento a un tipo di comunicazione attraverso cui esprimiamo le nostre opinioni, emozioni e necessità, senza criticare le opinioni altrui, bisogna tenere in conto che esistono tecniche che ci permettono di esprimerci in modo efficace evitando di farlo in modo aggressivo o sottomesso.

Che relazione esiste tra autostima e assertività, allora? Siamo di fronte a due termini che hanno a che fare con la ricerca di conoscenza e di valorizzazione del mondo che ci circonda. Le persone che hanno uno stile comunicativo aggressivo tendono a dare la colpa agli altri per preservare l'immagine di loro stessi nei confronti del resto del mondo. D'altro canto, chi ha invece uno stile più sottomesso e passivo tende a colpevolizzarsi in caso di problemi o errori commessi. Inoltre, quest'ultima categoria di persone tendere a evitare qualsiasi genere di condotta che possa avere ripercussioni negative sulla sua socievolezza.

La comunicazione aggressiva non considera i desideri e i bisogni degli altri, si concentra solo nel soddisfare le proprie necessità. Anche qui si tende a commettere l'errore di credere che le persone che comunicano in modo aggressivo hanno un'alta autostima, invece questo stile comunicativo si tratta spesso di una sorta di muro che hanno costruito per entrare in relazione con gli altri, dietro nascondono un sentimento di forte vulnerabilità.

D'altro canto, la comunicazione passiva è caratterizzata dall'anteporre i bisogni e diritti altrui ai propri, chi adotta questo stile comunicativo fa fatica a dire di no e tende a comportarsi come si aspettano gli altri per non disturbarli o deluderli.

Da non dimenticare che esiste anche la comunicazione passivo-aggressiva che caratterizza coloro che non mettono né se stessi né gli altri in primo piano e tendono a perpetuare "abusi" in modo subdolo e indiretto. In altre parole, è possibile esprimere l'ostilità in modo indiretto, attraverso modalità socialmente accettate e con una motivazione apparentemente amichevole.

Chi ha una buona autostima è capace di accettarsi per come è, quando si trova in una situazione in cui deve chiedere aiuto o se deve esprimere desideri e bisogni, quando crede che qualcosa non è giusto o che potrebbe ferirlo non ha problemi a esprimerlo e farlo sapere agli altri. Inoltre, non ha bisogno dell'approvazione di chi gli sta intorno dato che è capace di riconoscere il suo valore da solo, garantendosi così un certo benessere.

Tuttavia, oltre a una mancanza di autostima, tra le possibili cause di un'incapacità di essere assertivi c'è anche lo stato emotivo del momento che influisce sulla risposta comportamentale che si fornisce in una specifica situazione. Un livello alto di stress può provocare un comportamento eccessivamente aggressivo o sottomesso e provocare ulteriore ansia e stress a causa del rifiuto che tale risposta genera negli altri.

Relazione tra assertività e autostima nei bambini

Che relazione esiste tra autostima e assertività? Possiamo aumentare la nostra autostima attraverso il linguaggio? Ne parliamo ampiamente di seguito.

Le parole che usiamo hanno un'importanza fondamentale nella costruzione della nostra realtà e soprattutto dirigono i nostri passi; pertanto le parole che utilizziamo hanno un perché nonostante spesso non siamo coscienti di ciò. Ma il punto è, possiamo fomentare abilità sociali come l'assertività attraverso il linguaggio? La risposta è sì, senza alcun dubbio.

Abbiamo già visto come l'assertività sia anche una modalità di comunicazione che implica la difesa dei propri diritti, l'espressione delle proprie opinioni e il realizzare suggerimenti in modo onesto, senza cedere all'aggressività o alla passività e rispettando gli altri e i propri bisogni.

E come si può sviluppare l'autostima? Ciò è possibile quando abbiamo l'opportunità di affrontare situazioni nuove e siamo capaci di praticare nuove abilità sentendoci capaci di farlo; per cui autostima e autonomia sono due concetti abbastanza inscindibili. L'autostima ha più a che fare con un processo interno che ognuno elabora in funzione delle sue esperienze e del suo stile interpretativo.

Come possiamo allora, attraverso il linguaggio, fare in modo che i nostri bambini sviluppino una sana autostima? Lo stile comunicativo che utilizziamo ha qualche relazione con il nostro ruolo di guida, in questo ambito? Sicuramente sì, possiamo generare condizioni adatte per fomentare l'autostima dei bambini attraverso il linguaggio, vediamo qualche esercizio di seguito.

1. Lascia che prendano le loro decisioni

Non c'è bisogno di aspettare situazioni speciali per esercitare questa autonomia nei più piccoli, la vita quotidiana fornisce situazioni valide per esercitare la presa di decisione. Come in tante situazioni è l'allenamento il trucco per ottenere buoni risultati, prima di prendere grandi decisioni come quella di scegliere che percorso di studi intraprendere bisogna prima aver preso tante altre piccole decisioni.

Bastano domande semplici come chiedere al bambino se preferisce indossare i jeans o i

pantaloni neri o chiedergli se ha voglia del succo
di arancia o di quello alla pesca.

2. Rispetta gli sforzi

Quando un bambino prova a fare qualcosa da
solo e non ci riesce spesso può venire naturale
aiutarlo. Prima di farlo possiamo elogiare il suo
sforzo e magari dargli qualche consiglio per
facilitare la riuscita del compito, in questo modo
il bambino acquisirà il giusto spirito per portare
a termine da solo ciò che sta facendo.

Se ad esempio non riesce ad aprire una bottiglia,
invece di farlo noi per lui possiamo spiegargli
che se utilizza il trucco di girare il tappo
stringendolo con uno straccio o la maglietta la
bottiglia non scivolerà tra le mani e riuscirà ad
aprirla da solo.

3. Non fare troppe domande

L'eccesso di domande può essere percepito come
un'invasione alla propria intimità. È importante
che i bambini capiscano che possono parlare e
confrontarsi con gli adulti ogni volta che lo
desiderino e allo stesso tempo non devono
sentirsi "soffocati". Non bisogna quindi forzare
la comunicazione ma sì restare a disposizione.

Per esempio, quando il bambino rientra da scuola, invece di fargli cinque o sei domande di fila, senza neanche aspettare che risponda a ognuna di esse può bastare la frase: "Ciao Giacomo, che bello rivederti, ho pensato molto a te durante la giornata!"

4. Non affrettarti nel fornire risposte

Questo è un punto importante perché quando i bambini fanno domande ci offrono l'opportunità di aiutarli a pensare e a riflettere in modo autonomo. Se messi di fronte a una loro domanda rispondiamo in modo rapido e diretto non gli aiutiamo a sviluppare il pensiero logico, la riflessione, la creazione di ipotesi. Se a una domanda rispondiamo con un invito a riflettere insieme li aiutiamo nella loro autonomia e di conseguenza nel loro sviluppo.

5. Elogio o rinforzo positivo vs Motivazione intrinseca

Puntare tutto sul rinforzo positivo elogiando gli sforzi dei bambini non è la strategia migliore perché li rende dipendenti da questa approvazione costante e incapaci di affrontare situazioni nuove senza riceverla. La prima fonte di autostima è la consapevolezza di sentirsi capaci di riuscire a ottenere qualcosa quindi è importante che il bambino sperimenti piacere nel fare un'attività nuova e nel vedersi capace, così svilupperà la motivazione intrinseca ossia la spinta a voler ripetere un'esperienza per ciò che è perché si è sentito soddisfatto nel realizzarla con successo e non per ricevere complimenti dagli altri.

L'importanza di imparare a dire "no"

Una persona, e quindi anche un bambino, assertiva sa dire di "no" ed è capace di esporre le sue opinioni e la sua posizione in modo chiaro. Ad esempio, è in grado di manifestare un ragionamento per giustificare un'idea, un sentimento o una richiesta. Chi è assertivo è aperto a comprendere diverse visioni, sentimenti e necessità degli altri e allo stesso tempo conosce i propri e difende i propri diritti senza avere l'obiettivo costante di "vincere" ma quello più costruttivo di arrivare a un accordo condiviso. A livello non verbale una persona assertiva di solito è capace di mantenere il contatto visivo, ha un eloquio fluido e sicuro e ha una postura rilassata. Inoltre, è in grado di esprimere discrepanza in modo chiaro mostrando così i suoi gusti e interessi, chiedendo chiarimenti se necessario e dicendo "no" quando lo ritiene opportuno. Una persona assertiva di solito ha una buona autostima e una sensazione di controllo emotivo oltre che una certa soddisfazione riguardo alle relazioni interpersonali.

Come imparare a dire di no senza sentirsi colpevoli

Ti è capitato qualche volta di sentire che non ti facevi rispettare come avresti voluto? Spesso le persone hanno paura a dire la parola "no" quando qualcuno gli chiede un favore. La difficoltà a rispondere negativamente impedisce che si possa avere il tipo di vita che si desidera perché si finisce ad avere più imposizioni e impegni di quelli che si possono realmente gestire. Ricorda che la priorità di ognuno dovrebbe essere prestare attenzione a ciò di cui hai bisogno e se aiutare gli altri è un inconveniente in un momento specifico della tua vita hai tutto il diritto di accettare questa situazione e negare il tuo aiuto.

Vediamo di seguito qualche consiglio per allenare la capacità di dire di no senza sentirsi colpevoli.

Se ad esempio qualcuno vuole parlare con noi al telefono ma non abbiamo tempo e sappiamo che la telefonata non è urgente, se non restiamo fermi nell'esprimere la nostra impossibilità a parlare può succedere che l'altra persona pensi che si tratta di un "no" momentaneo e che se chiama in un altro momento del giorno riceverà attenzione.

Un modo pratico per evitare che l'altra persona insista è dirle che saremo noi a prendere l'iniziativa e a chiamarla prossimamente. Possiamo dirgli "Mi dispiace, sono abbastanza occupato ultimamente, non appena avrò tempo ti avviserò con anticipo". In questo modo chiariamo che saremo noi a prendere l'iniziativa ed eviteremo che l'altra persona ci domandi se siamo liberi in un altro momento della giornata.

La questione è che bisogna essere molto chiari quando rifiutiamo una petizione che sappiamo non poter concedere e restare fermi su tale posizione anche quando ci viene fatta una successiva richiesta meno onerosa. In altre parole, se diciamo che non possiamo prestare 200€ non possiamo poi cedere e rispondere che ne possiamo prestare 50€.

"Ci devo pensare"

Un'altra tecnica è quella di prendere tempo dato che nessuno ti obbliga a rispondere in modo immediato. Se qualcuno ti chiede favori e rispondi subito che puoi aiutarlo sarà poi molto più complicato tirarti indietro al renderti conto che non hai tempo per portare a termine il favore.

Quando ti viene richiesto un favore puoi rispondere che darai una risposta quanto prima nel caso possa aiutarle l'altro con certezza.

Tecnica del "disco rotto"

A volte capita che, anche se sei riuscito a prendere tempo, la persona che richiede il favore continua a insistere, in questi casi puoi usare una delle seguenti tecniche:

Fargli capire che hai ascoltato attentamente ciò che ha detto e che hai capito di cosa ha bisogno. Successivamente ripeti le frasi che ha espresso e mantieni una certa fermezza per non cedere alla richiesta del tuo interlocutore altrimenti perderai il controllo della conversazione e sarà più probabile che ceda accettando di portare a termine il favore richiesto.

Tecnica del "panino"

Un'altra tecnica efficace per dire di "no" è quella di posizionare la risposta negativa in mezzo a due risposte o concetti positivi. In questo modo si può "ammortizzare" la risposta negativa. Vediamo un esempio:

Affermazione positiva: "Grazie per avermi invitato alla tua festa, sono qui per dirti se posso venire."

Negativa: "Mi spiace ma stavolta non riesco a passare."

Positiva: "Spero di poter venire la prossima volta!"

Presta attenzione a come ti senti quando ti chiedono un favore

Se ti viene richiesto un compito semplice che non richiede molto tempo per portarlo a termine e inoltre hai voglia di aiutare saprai subito che hai voglia di aiutare l'altra persona. Sentirai in modo immediato che il favore che ti viene richiesto non ti suppone nessuna difficoltà e che sarai contento di aiutare.

Invece, se ti viene chiesto aiuto in un compito noioso e che ti porterà via molto tempo che preferisci impegnare nei tuoi passatempi preferiti è probabile che sentirai una sorta di disagio nel momento stesso in cui te lo chiederanno. Percepirai stress e ti domanderai dove trovare il tempo per aiutare.

Se davvero non puoi o non hai voglia di aiutare mantieniti fermo nella tua posizione e spiega che non hai disponibilità. Solo così ti risparmierai uno stress inutile e il dover gestire la situazione più avanti nel tempo.

Dire di "no" senza sensi di colpa

Molte persone non sanno dire di no quando gli viene richiesto aiuto perché non vogliono rovinare un'amicizia o risultare antipatici. Potrebbe essere successo anche a te, tuttavia, hai diritto di rifiutare una richiesta, magari ringraziando del fatto che si sia pensato a te per quel progetto e offrendoti di aiutare in qualche altro modo o in un altro momento.

Non aver paura di essere egoista e inizia a pensare a te stesso. Dai il giusto valore al tempo che dedichi ai tuoi impegni e al tuo tempo libero o persino ai tuoi soldi. Imparare a dire di no ti aiuta a evitare stress e ti fa guadagnare molto tempo, benessere e autostima.

Autostima, cos'è e come migliorarla

Abbiamo chiaro che per avere una buona assertività è necessario sviluppare nel corso dell'infanzia ma anche da adulti una sana autostima, vediamo più in dettaglio questo concetto e qualche esercizio utile a rafforzarlo per aumentare la fiducia in se stessi.

L'autostima è l'opinione che abbiamo di noi stessi, di un apprezzamento soggettivo riguardo al nostro valore. Pertanto, concepiamo l'autostima come il concetto che abbiamo del nostro stesso valore basato sui sentimenti, pensieri, sensazioni ed esperienze che abbiamo riguardo a noi stessi. I quattro pilastri dell'autostima sono l'autoconcetto, l'immagine di sé, l'autorinforzo e l'autoefficenza.

L'infinità di impressioni, valutazioni ed esperienze che viviamo di noi stessi vanno a creare il sentimento positivo o negativo che proviamo verso la nostra stessa persona. Quindi il concetto di noi stessi non è qualcosa che ereditiamo ma che impariamo nell'interazione con il contesto lungo tutta la nostra vita e in base a come viene valutato il nostro comportamento e l'assimilazione dell'opinione altri nei nostri riguardi. L'importanza dell'autostima sta nel fatto che è lei che ci spinge ad agire, a continuare ad andare avanti e ci dà l'impulso a perseguire i nostri obiettivi.

L'autostima non dipende mai da ciò che si ha, da ciò che si sa o da ciò che si è, dipende esclusivamente dall'accettazione personale. Inoltre, l'autostima evolve nella misura in cui facciamo nuove esperienze. Sin da bambini costruiamo il concetto di chi siamo. se piacciamo o no, se veniamo solitamente accettati, ecc. Il bambino, man mano che cresce, si creerà delle aspettative riguardo alle sue possibilità.

È dai primi anni di vita che si inizia a modellare il concetto di sé, l'emozione e il sentimento riguardo alla nostra persona e, nonostante ciò non sia del tutto immutabile, è in questa fase precoce in cui creiamo le basi durature. Il bambino compara il suo "io reale" con il suo "io ideale" e si giudica per il modo in cui raggiunge i modelli sociali e le aspettative di chi lo circonda e quelle che si è creato di se stesso.

Gli eventi che hanno maggiore importanza nella vita di ciascuno di noi sono quelli che avvengono durante l'infanzia e il modo in cui ci trattano genitori, insegnanti e amici.

In definitiva, l'autostima non è innata ma si forma, sviluppa e modifica con l'esperienza e lungo tutta la vita ed è quindi molto influenzata dal contesto in cui viviamo.

Le componenti dell'autostima sono:

- **Cognitiva**: ciò che pensiamo riguardo a noi stessi, include opinioni, idee e credenze che si hanno della propria personalità, della propria condotta e di se stessi.
- **Affettiva**: il giudizio elaborato a partire da sentimenti, qualità personali, risposta affettiva di fronte alla percezione di se stessi.
- **Comportamentale**: ciò che facciamo, le nostre decisioni e intenzioni ad agire.

Come migliorare l'autostima

Quando una persona ha l'autostima bassa non si ama, non si accetta e non dà valore alle sue qualità al punto da non riuscire nemmeno a riconoscerle. Può arrivare a voler evitare di esporsi, a non andare più a eventi sociali, smettere di provare cose nuove e di affrontare nuove sfide per paura di non farcela e sentendosi incapace per via della mancanza costante di sicurezza.

Di seguito elenchiamo 10 tecniche ed esercizi che possono aumentare l'autostima. Non è mai troppo tardi per darsi da fare e migliorare il proprio concetto di sé!

1. Cerca l'origine della tua bassa autostima

Come direbbe un architetto: "Non puoi iniziare a costruire una casa partendo dal tetto", quindi per migliorare la tua autostima è meglio trovare l'origine di tutto. Un consiglio per riuscirci? Prova a domandarti almeno tre volte il "perché?" delle tue paure.

Ad esempio: "Perché ho paura dei colloqui di lavoro? "Perché non mi prenderanno mai." / "Perché penso che non mi vogliano assumere?" "Perché sono un incompetente." / "Perché penso di non avere sufficienti abilità e competenze?"

"Perché da piccolo sono stato bocciato e mi hanno detto più volte che non avrei mai ottenuto nulla in ambito professionale." Ecco, ti sei avvicinato all'origine della tua bassa autostima.

2. *Fallo. Provaci nonostante possa fallire*

L'essere umano tende ad evitare e a non affrontare ciò che teme e che gli provoca paura. Si tratta di uno dei modi più facili e veloci per eliminare l'ansia provocata da una situazione. Tuttavia, si sa che il principale nemico della bassa autostima è proprio il non fare nulla. È dimostrato che l'autostima non dipende dal risultato delle tue azioni ma dal fatto che agisti. In questo modo l'autostima aumenta quando affronti le circostanze e diminuisce quando le eviti.

3. *Sostituisci i tuoi obiettivi con i tuoi valori*

A volte non ottenere gli obiettivi che ci si propone e che si sono desiderati intensamente porta a una sensazione di frustrazione e a sentire che non valiamo nulla, ciò accade quando sono gli obiettivi e non i nostri valori a dare una direzione alla nostra vita.

Vediamo un esempio: immagina di stare preparando l'esame per un concorso pubblico, studi da mesi ed eviti di concederti momenti di svago; in questo caso i tuoi valori sono lo sforzo, la perseveranza, la superazione personale, la capacità di sacrificio, la forza di volontà e la responsabilità.

Se alla fine non superi l'esame e non ottieni il tanto agognato posto, i valori che hanno guidato questa tappa della tua vita restano con te affinché ti senta orgoglioso di ciò.

4. *Identifica i tuoi punti di forza*

Tutti nasciamo con una serie di qualità, caratteristiche innate o proprietà che sono i nostri punti forti, sono infatti quelle abilità che ti vengono facili. Il problema sorge quando una persona con bassa autostima crede di non averne e non è in grado di individuarne nessuna.

Vediamo insieme un esercizio che può aiutare a trovare i punti forti di ognuno.

- Pensa in 5 successi ottenuti lungo la vita. Qualche esempio? Conseguire una laurea, lavorare nel settore che volevi, imparare un'altra lingua o a suonare uno strumento musicale, imparare a cucinare, riuscire a fidanzarti con la persona di cui ti eri innamorato… Se fai fatica a trovarne è perché non riesci a essere generoso con te stesso. Prova a pensare di dover aiutare il tuo migliore amico a identificare i successi della sua vita, cosa gli diresti per aiutarlo a riconoscerli?

- Pensa poi a quali caratteristiche personali positive sono necessarie per ottenere ognuno di quei successi: la curiosità, l'iniziativa, la perseveranza, ecc.
- Ecco fatto, questi sono i tuoi punti di forza.

5. *Trasforma i tuoi pensieri negativi in risposte razionali*

Il dialogo interno che intratteniamo con noi stessi è fondamentale nella costruzione della nostra autostima. Chi ha una buona autostima ha un dialogo positivo, gentile e rispettoso con se stesso; chi invece ce l'ha bassa tende a criticarsi, castigarsi e disprezzare i successi ottenuti.

Questa voce interna è irrazionale e di solito interpreta qualsiasi situazione nel modo peggiore possibile, persino quando non ci sono prove oggettive per giungere a quella conclusione. Cosa bisogna fare allora? Identificare questi pensieri irrazionali e negativi rivoli a se stessi e metterli in discussione con oggettività, sostituendoli per altri più realistici e oggettivi. E poi bisogna metterli alla prova per capire che si tratta di minacce infondate e non reali.

È anche importante identificare in che tipo di situazioni compaiono questi pensieri irrazionali e che cosa ti dicono di preciso. Sono soliti essere sempre uguali? Come contribuiscono a farti interpretare le situazioni? Che emozioni ti provocano? Quanto meglio capisci le emozioni che ti causano tanto meno esse avranno potere su di te.

6. *Prendi distanza dalle tue paure*

Quando compare la paura non ignorarlo, cerca di non distrarti né di evitarlo. Prova piuttosto a osservarlo "da fuori".

È importante che capisci che non siamo ciò che pensiamo e che quando pensiamo qualcosa non per forza accadrà. Siamo dei semplici osservatori dei nostri pensieri. La nostra mente tende a bombardarci di pensieri negativi per proteggerci da eventuali pericoli di ogni genere ma il tuo compito è fare lo sforzo di non identificarti con essi, solo così perderanno la loro forza e il loro potere su di te. Come riuscirci? Quando la paura si impossessi di te:

- Non bloccare il pensiero che causa questa paura, dagli spazio e "sentilo".
- Prendi confidenza con la tua paura, dagli un nome e immagina che forma potrebbe avere, puoi anche disegnarla.
- Utilizza la tecnica del mindfulness per far fluire le sensazioni e lasciarle andare via. Puoi immaginarti un piccolo fiume che spinge via delle foglie e visualizzare la tua paura su una delle foglie mentre il fiume la trascina via fino a che scompare. All'inizio potresti aver bisogno di un po' di pratica ma alla fine ci riuscirai facilmente.

7. *Perdonati, pratica l'autocompassione*

Per migliorare l'autostima è fondamentale imparare a perdonare i propri errori ossia, come si dice in psicologia, a praticare l'autocompassione.

Questo concetto è strettamente legato a quello dell'immagine di sé e consiste nel trattarsi con la stessa empatia con cui si tratterebbe un amico. In altre parole, supportarsi ed essere comprensivo nei confronti di se stessi invece che criticarsi o giudicarsi in modo continuo. Implica inoltre imparare a calmarsi e confortarsi quando si commette un errore invece di colpevolizzarsi.

Esistono diversi esercizi e attività per sviluppare l'autocompassione, il più semplice di tutti prevede il parlarsi nello stesso modo che si farebbe con un amico che sta attraversando un periodo difficile In questo modo inizierai a vedere i tuoi problemi come qualcosa che stai attraversando e sperimentando e non come qualcosa che ti definisce e che fa parte della tua essenza.

Diresti ad un amico che è un "buono a nulla" e che non è capace di fare niente? Sicuramente no, vero? Ecco, allora da ora in avanti ogni volta che ti scopri a castigarti sostituisci la tua voce critica con frasi compassionevoli, la tua autostima ne trarrà beneficio.

8. *Aumenta la fiducia in te stesso con posture di potere*

Sai che il linguaggio del corpo influenza il tuo stato d'animo? Ebbene sì. Quindi, quando ti senti giù di morale probabilmente lo esprimi anche con il corpo, chiudendoti in te stesso e sentendoti ancora più triste.

Per migliorare ciò prova a adottare una postura eretta ed espansiva quando ti accorgi di essere triste o abbattuto. Alza la testa, spingi le spalle all'indietro, appoggia le mani sui fianchi… starai adottando una postura di potere ed è stato dimostrato che mantenendola per un paio di minuti aumenta la fiducia in se stessi, per sentirsi meglio e più sicuri delle proprie capacità.

Queste posizioni del corpo sono capaci di aumentare i livelli di testosterone e di diminuire quelli di cortisolo (l'ormone dello stress e dell'ansia) contribuendo al benessere generale.

9. *Fai esercizio*

Diversi studi hanno dimostrato che fare sport di media intensità aumenta l'autostima a breve termine. Basta mezz'ora al giorno di esercizio aerobico per ridurre la concentrazione di cortisolo nel sangue e aumentare il benessere grazie alla liberazione di endorfine. Quindi cosa aspetti? Inizia a muoverti!

10. *Il mondo non gira intorno a te, pensa anche agli altri*

Per sentirti meglio quando sei un po' giù di morale smetti di pensare solo ed esclusivamente a te stesso e al tuo malessere e cerca di spostare la tua attenzione fuori. Pensare solo ai tuoi problemi non ti aiuta, può solo peggiorare la situazione.

6. COME GESTIRE I CONFLITTI E AUMENTARE LA CAPACITÀ DI ASCOLTO

Gestione e risoluzione di conflitti

Che tu sia in grado di comunicare in modo assertivo o ancora no, ti sarà sicuramente capitato di imbatterti in un conflitto. Ti sei mai domandando come sei solito gestirlo e risolverlo? Può esserti capitato sul lavoro o nelle relazioni personali, a volte i tuoi interessi e quelli degli altri possono essere diversi e ciò può portare a un conflitto. Ogni persona ha il suo stile di gestione e risoluzione, vediamo in quale ti riconosci.

Alcune persone tendono a adottare uno stile competitivo percependo un'unica soluzione per la serie "io vinco e tu perdi" o "io perdo e tu vinci"; in altre parole danno per scontato che se uno ottiene qualcosa l'altro deve perderla. Si tratta di uno scenario competitivo ma bisogna considerare che ne possono esistere altri alternativi.

Ad esempio, ci si può mettere d'accordo affinché, in modo alternato, entrambe le persone possano ottenere e perdere qualcosa. In questo modo si approccia il conflitto con una strategia integratrice di risoluzione, dove non si considera unicamente il risultato ma anche altri elementi come la relazione tra le persone coinvolte sul medio e lungo termine, le conseguenze per un gruppo allargato, possibili collaborazioni future, ecc.

Il conflitto è inevitabile

Il conflitto, in piccola o grande misura e con tutte le implicazioni del caso, è parte integrante dell'essere umano proprio perché siamo entità sociali e che per il nostro benessere abbiamo bisogno di relazionarci con gli altri.

Il conflitto inoltre non compare solo tra persone che hanno punti di vista diversi su un argomento ma anche all'interno di noi stessi, ad esempio quando siamo combattuti da emozioni contrastate, desideri divergenti o da sentimenti e pensieri che apparentemente sembrano contraddittori. In definitiva, il conflitto fa parte della nostra natura paradossale e ciò non è qualcosa di negativo, può servirci per conoscerci meglio e per risolvere situazioni complicate e imparare strategie alternative per relazionarci con gli altri.

La parola "conflitto" ha ancora delle connotazioni negative ma nella vita, se riusciamo ad affrontarlo con responsabilità può diventare un ottimo alleato per fomentare la nostra salute emotiva. Tra i benefici di un'adeguata risoluzione di un conflitto troviamo:

- Ampliamento delle risorse personali e sociali per un adeguato equilibrio emotivo,
- Costruzione di relazioni migliori basate su una comunicazione onesta ed efficace,
- Stimolazione dell'interesse, della curiosità e della creatività,
- Presa di coscienza di schemi relazionali automatici e inconsci che si possono modificare,
- Incremento delle probabilità di sperimentare soluzioni positive in eventuali nuovi conflitti futuri.

Cinque stili di gestione del conflitto

Esistono diversi modi di affrontare il conflitto e nessuno è migliore di un altro, dipende da diversi fattori, dal contesto e dai bisogni delle persone coinvolte.

Uno dei modelli più famosi per identificare lo stile e le tendenze con cui si affronta un conflitto è stato proposto negli anni '70 da Kilmann e Thomas, negli Stati Uniti, presuppone l'esistenza di 5 profili base della risoluzione di conflitti.

Secondo loro ogni persona tende verso uno di questi cinque stili in modo più o meno cosciente, successivamente è stato messo in evidenza come alcune persone non hanno uno stile "puro" ma si comportano considerando un ventaglio di possibilità in base alle loro caratteristiche personali e di personalità, l'importanza che danno al conflitto e lo stile di gestione che mostra l'altra persona.

Quindi, anche in base a come agisce l'altro, ci posizioniamo e a sua volta l'interlocutore farà altrettanto posizionandosi in base alla nostra modalità di gestione. Si tratta quindi di un processo costante.

Ma vediamo quali sono i 5 stili teorizzati da Kilmann e Thomas. Essi partono da due dimensioni:

- La prima ha a che fare con il grado in cui la persona cerca di soddisfare i suoi interessi e bisogni (l'affermazione di se stesso rispetto agli altri).
- La seconda ha a che fare con il livello in cui il soggetto cerca di soddisfare gli interessi del prossimo (la cooperazione)

Combinando queste due dimensioni della risoluzione dei conflitti su due assi costruiamo il seguente grafico:

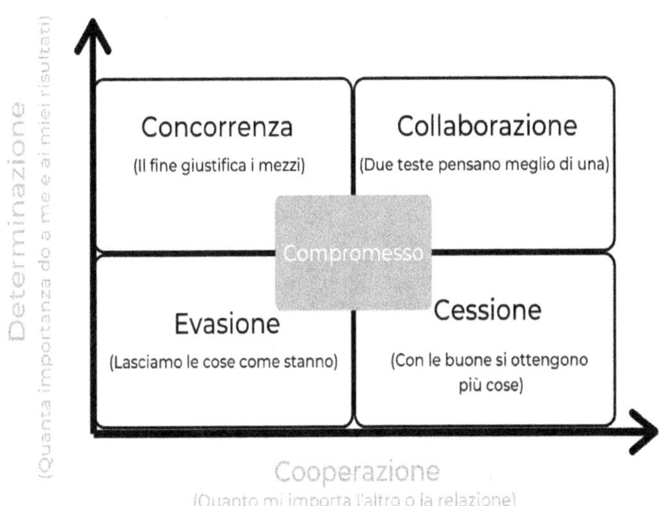

Analizziamo nel dettaglio i 5 stili di gestione dei conflitti:

1. Chi ha un **alto grado di determinazione** e un **basso livello di cooperazione** vanta uno stile caratterizzata dalla concorrenza. Si tratta di una persona che cerca di soddisfare i suoi interessi a discapito dell'altro. È uno stile orientato al potere in cui il soggetto è disposta a utilizzare qualsiasi risorsa che consideri adeguata per ottenere l'obiettivo preposto. In definitiva, qualcuno che compete e non collabora.

2. Chi ha un **basso grado di determinazione** e un **alto livello di cooperazione** tende ad essere una persona capace di cedere di fronte alla pressione altrui. Pur di compiacere si dimentica dei suoi interessi per soddisfare quelli dell'altro. Chi ha questo stile può mostrare un'apparente generosità disinteressata o caritativa, obbedire agli ordini anche quando preferirebbe non farlo, ecc.

3. Chi ha un **basso grado di determinazione** e anche **di cooperazione** ha uno stile evitante. La persona tende a posticipare il conflitto o a mostrare un atteggiamento passivo e poco assertivo, non soddisfa i suoi interessi né quelli dell'altro. In altre parole, non gestisce davvero il conflitto. Una manifestazione del carattere può essere il tipico comportamento diplomatico e poco conflittuale o una tendenza a ritirarsi dalla situazione che percepisce come potenzialmente minacciosa.

4. Chi ha un **alto grado sia di determinazione che di cooperazione** ha uno stile collaborativo. Tende a voler impegnarsi insieme all'altra persona per

trovare una soluzione che soddisfi pienamente gli interessi di entrambi. Tende ad approfondire la conoscenza del problema per identificare gli interessi soggiacenti di entrambi e trovare un'alternativa che accontenti tutti.

5. Il quinto stile di risoluzione dei conflitti presuppone un certo equilibrio tra la determinazione e la collaborazione. L'obiettivo in questo caso è quello di trovare una soluzione accettabile e adeguata per entrambi e che soddisfi almeno in parte tutti e due. È una posizione intermedia tra la competizione e il compiacimento. Al transigere le persone affrontano il problema in modo più diretto rispetto a quando lo evitano ma non lo esplorano con la stessa profondità di quando cercano di collaborare. Transigere può avere come conseguenza il dividere le differenze, intercambiare concessioni o cercare una rapida posizione intermedia che accontenti tutti.

Con quale di questi stili di gestione del conflitto ti identifichi? Ne riconosci uno che è più nelle tue corde degli altri o credi di avere uno stile eclettico? Vediamo ora qualche consiglio per gestire il conflitto al di là del tuo stile.

13 consigli per gestire i conflitti interpersonali

Molte persone evitano i conflitti, ne hanno un'idea negativa perché probabilmente in passato li hanno gestiti in modo incorretto, con aggressività e un certo danno emotivo. Tuttavia si può imparare ad affrontarli con gentilezza e educazione per non uscirne feriti.

Quando si evita un conflitto si ottiene solo una certa repressione di emozioni che può portare a disturbi psicosomatici come psoriasi, caduta dei capelli, mal di stomaco, problemi del sonno, difficoltà respiratorie, ecc. che sono proprio la manifestazione di ansia. Quindi è preferibile perdere la relazione con un'altra persona piuttosto che la salute. Vediamo di seguito 13 consigli per gestire al meglio i conflitti.

1. *Prendi coscienza del fatto che il conflitto è parte della tua vita.* Si tratta di qualcosa di naturale, è impossibile essere sempre d'accordo su tutto con chiunque.

2. *Ascolta l'altro.* Non chiuderti né arroccarti sulla tua idea; ascoltare significa interessarsi davvero a ciò che ti viene detto, alle argomentazioni presentate e ai bisogni sottesi, per capire come si sente l'altro e per i motivi per cui ha bisogno di risolvere una questione con te.

3. *Sii empatico.* Mettiti nei panni dell'altro, prova a capire le sue emozioni e i suoi bisogni. Capirli non significa condividerli.

4. *Fai in modo di avere chiaro l'obiettivo comune per cui vi interessa risolvere il conflitto.* A volte si perdere di vista il motivo per cui tu e l'altro volete mettervi d'accordo, in effetti dovrà pur esserci un bene comune che beneficia entrambi se si arriva a un accordo. È importante che questo obiettivo condiviso venga posto al di sopra di qualsiasi proposta individuale e che venga ricordato durante la negoziazione.

5. *Cedi in ciò che non è eccessivamente importante per te.* Senza concessioni non esiste negoziazione, impara che il fatto di cedere non significa perdere ma fare un passo verso la soluzione congiunta.

6. *Non considerare il conflitto come qualcosa di personale.* La persona che affronti

potrebbe non avere nulla contro di te, semplicemente non è d'accordo con una tua proposta.

7. *Accetta il diritto altrui di non condividere le tue idee e le tue proposte.* Per quanto a te sembrino meravigliose o perfette, pensa che ciò è frutto di un tuo giudizio soggettivo e che le priorità e i bisogni degli altri potrebbero essere diverse.

8. *Lascia da parte l'aggressività sia verbale che gestuale.* Sii gentile, mantieni il contatto oculare, sorridi, non alzare la voce, non minacciare né imporre la tua idea. Con uno stile autoritario allontani le persone da te e se hai un atteggiamento aggressivo probabilmente ci penseranno due volte a parlarti in futuro per paura di sentirsi umiliate.

9. *Dimentica l'immagine negativa che hai avuto finora dell'altra persona.* Spesso le aspettative o le idee pregresse riguardanti l'altra persona limitano la soluzione del conflitto. Concetti come "Con te non si riesce a intavolare una discussione" o "Non ascolti mai!" ci predispongono a parlare con quella persona in un determinato modo. Parti invece da zero e contemplala come qualcuno che sia disposto a proporre soluzioni al problema

e faglielo sapere: "Sicuramente parlando in modo rilassato arriveremo a una soluzione".

10. *Sviluppa la creatività.* Non esistono né sono possibili solo la tua posizione quella dell'altro, ne possono esistere altre intermedie ma a volte ci ossessioniamo nel difendere il nostro punto di vista e non vediamo le alternative possibili.

11. *Sii grato dell'atteggiamento conciliatore degli altri.* Ciò contribuirà al fatto che si sentano supportati nel comportamento che favorisce il gruppo e lo manterranno. Puoi fare un commento come: "È piacevole discutere con te, è semplice perché sai ascoltare e capire la mia posizione. So che a volte non troviamo un accordo ma riesci sempre a farmi sentire comodo in una situazione complessa".

12. *Se l'altro perde il controllo e ti offende, interrompi la riunione.* Se insisti con qualcuno che ha perso la testa rischi di peggiorare la situazione e di far montare ancora più rabbia, senza arrivare ad alcuna soluzione. Devi mettere limiti alle persone che ti feriscono: "Se mi parli con questo tono non posso continuare a parlare con te, stai urlando e mi offendi.

Possiamo continuare in un altro momento".

13. *Se noti che la stanchezza inizia a farsi sentire per tutti rimanda la riunione.* Quando siamo stanchi tendiamo a essere più irascibili e ad avere meno capacità di autocontrollo. La fretta di voler finire potrebbe giocarti brutti scherzi e far precipitare le cose. È meglio posticipare l'incontro e se non fosse possibile provate a fare una pausa per riprendere le forze e disconnettere per un breve periodo.

Come migliorare la nostra capacità di ascolto

Senza dubbio un'abilità che vale la pena di avere ben allenata nel caso di dover affrontare un conflitto è quella di saper ascoltare l'altro.

L'importanza di saper ascoltare è innegabile e spesso molte persone pensando di essere degli ottimi ascoltatori degli altri ma può trattarsi di una credenza e comunque esiste sempre un margine di miglioramento. Ora vediamo alcuni punti chiave per migliorare l'ascolto attivo.

Che cos'è l'ascolto attivo? Questo termine venne coniato dallo psicologo statunitense Carl Rogers quando sviluppò alcuni aspetti della sua teoria interpersonale negli anni '40. Da allora il termine è stato ampliato nel suo significato. Oggi per "ascolto attivo" si considera un atto che viene realizzato volontariamente da una persona e che per questo richiede attenzione e intenzione. Viene appreso e per questo può essere allenato e acquisito. L'ascolto si definisce "attivo" perché richiede la nostra partecipazione, implica uno sforzo e una certa concentrazione.

Cosa significa ascoltare?

Gli scienziati Roger e Farson descrissero l'ascolto come la qualità di provocare cambiamenti nella vita degli altri così come quella di generare fiducia, vicinanza, sicurezza ed empatia con l'altro.

Ascoltare significa concentrarsi sull'altro e su ciò che ha deciso di condividere con te, siano essi problemi, esperienze o racconti di vita. Ascoltare richiede un certo sforzo e per questo bisogna essere consapevoli di voler o poter ascoltare qualcuno. Nel momento in cui ascoltiamo attivamente il prossimo dobbiamo zittire i pensieri che ci vengono in mente e dare totale disponibilità all'altro, senza spazio per la fretta o lo stress. L'ascolto attivo richiede comprensione ma non esige che si fornisca una soluzione o una risposta all'altro, chi si sente ascoltato tende ad aprirsi sempre di più e a condividere con l'altro ciò che ha dentro.

Quali sono i nemici dell'ascolto attivo?

Esistono certe barriere che possono rendere complicato l'ascolto attivo, per esempio:

- **Credenze**: condizionano ciò che percepiamo. Ascoltare qualcuno che non condivide le nostre idee può farci provare tensione o rifiuto. Per questo, se ci impegniamo ad ascoltarlo attivamente dovremo porre l'attenzione sull'altro e non in noi stessi.
- **Aspettative**: ciò che ci aspettiamo dall'altro o da una determinata situazione ci porta verso un luogo o l'altro dell'ascolto. Quante volte ti sei distratto ascoltando qualcuno perché avevi la sensazione di sapere già di cosa si stava parlando? Le aspettative impediscono l'ascolto attivo e ci distraggono da ciò che

ci importa davvero, ossia capire il prossimo.

- **Competenze**: c'è chi è più portato ad ascoltare, altri per comunicare, altri ancora sono bravi a fare entrambe le cose e c'è persino chi fa fatica con tutte queste abilità. L'ascolto attivo richiede apprendimento e allenamento per essere migliorato.

- **Atteggiamento**: qual è il tuo atteggiamento quando ti trovi di fronte a una conversazione che non ti interessa? O quando devi interagire con qualcuno che non trovi piacevole? L'ascolto è un esercizio di volontà che richiede pazienza ed esercizio.

Come imparare ad ascoltare? Secondo Rogers e Farson esistono tre fattori per ascoltare attivamente:

- Cerca il significato reale di ciò che ascolti. Vai oltre le parole e scova le emozioni di chi ti parla.

- Rispondi ai sentimenti e non al testo. Spesso, il messaggio reale è l'emozione e non le parole che formano il messaggio. In questo caso dimentica il testo e rispondi all'emozione.

- Fai qualcosa di più oltre che ascoltare. Gran parte della comunicazione è non verbale, fai attenzione anche a quella.

Vediamo di seguito alcune tecniche per migliorare questa abilità:

1. *Per prima cosa, evita di giudicare.* Forse è la parte più difficile di tutte ma è importante non saltare alle conclusioni. Ricorda che quando qualcuno parla sta utilizzando il linguaggio per esprimere pensieri ed emozioni che sente. Se dice qualcosa che ti scandalizza puoi riconoscere che ti ha sorpreso ma non qualificarlo come stupido. Nel momento in cui inizi ad agire con un giudice perdi la tua utilità come ascoltatore.

2. *Resisti alla tentazione di dare consigli.* La maggior parte di noi quando parla non lo fa per ricevere consigli. Essi tendono a basarsi su un contesto che non è quello della persona che parla. Inoltre, quando qualcuno fornisce consigli lo fa perché vuole parlare di se stesso piuttosto che ascoltare. La maggior parte delle persone preferisce trovare da solo le soluzioni ai

suoi problemi e in caso di avere bisogno di consigli li chiede in modo esplicito, ciò che più apprezziamo quando parliamo con qualcuno è che esso ci ascolti e ci aiuti a esplorare le opzioni che abbiamo. Tuttavia, se credi di avere un'idea geniale puoi chiedere il permesso al tuo interlocutore per dirla: "Ti piacerebbe sentire un'opinione al riguardo?"

3. *Interrompi sono quando è necessario.* Un altro esercizio abbastanza difficile. Interrompendo invii uno dei seguenti messaggi:

   a. Ciò che ho da dire è più importante di quanto stai esprimendo tu.
   b. Questa non è una conversazione ma una discussione e voglio vincerla.
   c. Non ho voglia di ascoltare i dettagli della tua opinione.

Quando pratichi l'ascolto attivo lascia che sia il tuo interlocutore a guidare la conversazione verso dove preferisce. Evita di fare domande o di dare suggerimenti che possano interrompere o portare la conversazione su altri argomenti.

4. *Fai riferimento ai dettagli che ricordi.* Generalmente non ricordiamo i dettagli delle conversazioni passate. Tuttavia se te ne ricordi qualcuno e sei capace di citarlo durante una conversazione, per insignificante che ti sembri, otterrai un effetto interessante. Il tuo interlocutore percepirà che hai prestato attenzione alle sue parole l'ultima volta che avete parlato e che gli hai dato importanza, di conseguenza sarà più portato ad aprirsi ulteriormente con te.

5. *Prendi le redini della conversazione quando è necessario.* Spesso è inevitabile che le conversazioni prendano una certa piega e si allontanino dal tema centrale. Se qualcuno ti sta raccontando ad esempio l'esperienza di volontariato in Africa e ti racconta che lì ha incontrato un amico in comune è normale che tu gli chieda come sta questa persona. Senza volere passerete a parlare dall'esperienza importante di volontariato del tuo

interlocutore alla vita del vostro amico e starete lasciando da parte ciò che ti voleva raccontare la persona con cui stai parlando.

Quando una domanda conduce verso una direzione che non ha a che fare con ciò che ti voleva raccontare il tuo interlocutore è tua responsabilità, come ascoltatore attivo, ricondurre il discorso verso la sua origine: "Che coincidenza che abbia trovato Marco proprio lì... ma raccontami come è andato il tuo volontariato!"

6. *Ripeti ciò che hai ascoltato.* Un modo molto semplice di far notare che stai ascoltando l'altra persona e motivarla a continuare a parlare è ripetere, ogni tanto, ciò che ha detto. Puoi anche spingerti a trarre conclusioni sul piano emotivo affinché ti confermi qualche aspetto che vorresti vedere chiarito: "Quindi sei arrivato tardi all'appuntamento, eri nervosa?"

Non preoccuparti eccessivamente se ripeti i concetti usando parole tue o le stesse del tuo interlocutore. È stato dimostrato che ripetere 3 o 4 parole dell'ultima frase detta dall'altro è sufficiente per dimostrare che lo si sta ascoltando.

7. *Mostra i tuoi sentimenti affinché l'altro si apra.* In una conversazione si possono condividere dati, informazioni, opinioni ma anche emozioni e sentimenti. Si tratta di concetti importanti perché rafforzano la relazione con l'interlocutore e permettono di accedere a una maggiore empatia e coinvolgimento. Non limitarti a ripetere letteralmente ciò che hai sentito, cerca di interpretarlo in termini emotivi, pensando a cosa può stare sentendo l'altro, basta aggiungere un'emozione a ciò che ti hanno appena raccontato: "Allora ti sei sentito triste/arrabbiato/offeso quando è successa questa cosa?"

Si tratta di mettere un'etichetta emotiva all'altro e se sbagli emozione non è un dramma, sarà una buona occasione per il tuo interlocutore di aprirsi emotivamente e chiarire cosa ha provato.

8. *Chiedi maggiori informazioni attraverso domande adeguate.* Fare domande ogni

tanto è un altro modo di dimostrare che stai attento e che sei interessato a ciò che ti stanno raccontando. Tuttavia è importante avere chiaro che genere di domande sono utili e quali è meglio evitare:

a. Domande aperte: sono perfette per fare in modo che la persona continui a parlare e contribuiscono a ridurre la tensione. Ti offrono anche informazioni sul punto di vista del tuo interlocutore. Stai attento con le domande introdotte da "Perché", mettere in dubbio qualche decisione o opinione persone dell'alto può far sì che si collochi in una posizione difensiva.

b. Domande chiuse: Servono per confermare aspetti specifici che vuoi avere chiari. Puoi anche fare domande retoriche che richiedono davvero una risposta come "Chi non vorrebbe godere di un'ottima salute anche da anziano?", così otterrai che anche il tuo interlocutore si senta più coinvolto dato che i nostri cervelli sono programmati per riflettere su qualsiasi domanda ci venga posta.

9. *Fai domande sulle conseguenze di ciò che ti ha appena raccontato.* Si tratta di una tecnica potente per aiutare le persone ad arrivare da sole alla soluzione dei loro problemi. Fai domande che, anche se sembrano ridondanti, aiuteranno sia te che l'altro ad approfondire i sentimenti, basta domandargli che cosa crede che potrebbe accadere se succedesse ciò che ha appena detto.

Puoi anche spingerti oltre e chiedergli cosa successe l'ultima volta che attraversò una situazione simile. In questo modo lo aiuti a ripercorrere lo stesso itinerario che lo ha portato a prendere quella decisione.

10. *Aiutalo a chiarire i suoi pensieri e sentimenti.* Quando il tuo interlocutore fa una pausa puoi approfittarne per aiutarlo a chiarire i suoi pensieri con domande aperte riguardanti le sue emozioni: "Che cosa ti preoccupa di preciso riguardo alla tua situazione attuale sul lavoro?"

Puoi anche riflettere ciò che credi ti abbia appena raccontato affinché ti chiarisca o neghi ciò che hai interpretato: "Preferiresti quindi questo lavoro in cui non potrai mai viaggiare?". Così facendo lo motiverai a elaborare più di un punto di vista e lo aiuterai a esplorare meglio le sue credenze e opinioni.

Ricorda che il vero significato delle conversazioni personali non sta nel testo di ciò che viene detto ma nell'emozione. Pertanto è importante rispondere alle emozioni dell'interlocutore ("Ti dà fastidio che Mattia non ti abbia chiamato per il compleanno?") e non al contesto testuale ("Allora, da quanto tempo è che non si fa sentire?")

11. *Utilizza rinforzi positivi e un linguaggio del corpo aperto.* Per dimostrare che stai ascoltando puoi utilizzare parole di rinforzo come "Certo, sì, capisco…" e anche il linguaggio del corpo è importante. Dimostra la tua attenzione rivolgendo il torso e i piedi verso il tuo interlocutore, mantieni una posizione aperta evitando incrociare braccia e gambe e spronalo a continuare a parlare, ad esempio alzando le sopracciglia. È dimostrato che riflettere la postura del

corpo e le espressioni facciali dell'altro contribuisce a creare maggiore empatia in situazioni altamente emotive, se fatto con discrezione.

12. *Rispetta i silenzi.* Uno dei punti chiave dell'ascolto attivo è sentirsi comodi nei silenzi, essi lasciano del tempo per pensare e trovare le parole più adatte, concedi del tempo all'altro per fare ciò, non cercare di riempire i silenzi forzando la situazione. Inoltre il silenzio aiuta a calmare la tensione e risulta importante affinché una persona smetta di agire spinto dalle emozioni e inizi a comportarsi in modo più razionale.

13. *Evita i tipici errori.* è importante conoscere quali sono gli errori che potrebbero rappresentare un ostacolo per la conversazione e una disconnessione emotiva da parte dell'interlocutore:
    a. Minimizzare ciò che racconta con frasi fatte come: "Non preoccuparti per questo" o "Gli stai dando troppa importanza". Lascialo

parlare e quando si trovi in uno stato emotivo meno intenso potrai argomentare perché secondo te il problema di cui parla non è così fondamentale.

b. Forzare l'altro a parlare di qualcosa che preferisce non raccontare.

c. Avere un atteggiamento compassionevole con frasi come "Povero te, immagino come sia stato difficile…"

d. Finire le frasi per l'altra persona quando fa pause o fatica a trovare le parole adatte. Non dare per scontato che voglia dire ciò che pensi che voglia raccontare, sembrerà inoltre che hai fretta di terminare la conversazione.

e. Se il tuo interlocutore diventa molto emotivo accetta ciò senza fare critiche né commenti come: "Non piangere", probabilmente preferiresti che non piangesse perché ciò ti mette a disagio. Lascia che esprima le sue emozioni e limitati a dimostrargli affetto per consolarlo.

14. *Sul finire, riassumi le conclusioni della conversazione.* Un buon modo di ufficializzare ciò di cui avete parlato, di rilassare la tensione e di creare una relazione più forte è riassumere ciò di cui avete parlato includendo elementi emotivi che secondo il tuo interlocutore erano quelli più importanti.

E se volessi ascoltare ma ciò che ti stanno raccontando è estremamente noioso?

Se non sei per nulla interessato a ciò che ti sta raccontando qualcuno è meglio essere onesto e non fingere. L'importante è comunicarlo senza ferire i sentimenti dell'altro e far capire all'altra persona che non ti interessa ciò che sta raccontando e non lui come persona. Invece di dire: "Non mi interessa quello che dici" puoi utilizzare la formula: "Scusa, il fatto è che questo tipo di argomenti non sono di mio interesse" ed evitare così malintesi.

Tieni presente che le conversazioni spesso ci sembrano noiose perché restiamo sul piano superficiale, sull'informazione oggettiva. Cerca di raggiungere il livello delle emozioni che stanno dietro al testo. Prova a capire cosa motiva quella persona e perché prova ciò che prova quando ti racconta quello specifico fatto, resterai stupito dalla piega che può prendere la conversazione.

In definitiva, l'ascolto attivo consiste nell'ascoltare una persona aiutandola a entrare in contatto con i suoi sentimenti, l'obiettivo è quello di abbandonare la superficie del messaggio per approfondire le emozioni soggiacenti.

Quando ascolti attivamente non devi soluzionare i problemi di chi ti parla o dare consigli in modo saggio. La tua "missione" è far sì che riconosca e capisca i suoi sentimenti e che possa successivamente trovare soluzioni in modo autonomo, solo così sarà davvero convinto di aver trovato la migliore soluzione ai suoi problemi.

In quanto sia riuscito a superare questa prima tappa comprensiva ed empatica potrai procedere verso una seconda fase dove sarai legittimato a fornire la tua opinione, consigliare o persuadere partendo dal tuo contesto; avendo chiaro ciò che vuole l'altra persona ti verrà molto più facile comunicare con lei.

7. COME DIRE CIÒ CHE SI PENSA IN OGNI MOMENTO

Impara a dire ciò che pensi davvero

Come avrai ormai capito l'assertività è una strategia di comunicazione che si basa nel dire le cose senza aggredire né sottomettere il tuo interlocutore e difendendo i tuoi desideri e opinioni. Dire ciò che si pensa davvero, facendosi valere e senza "schiacciare" l'altro, tuttavia, non sempre risulta facile ma è fondamentale per stabilire relazioni sane e per manifestare le proprie convinzioni difendendo i propri diritti.

Per praticare l'assertività è necessario credere in se stessi e avere un buon autocontrollo per evitare di farsi trasportare dalle emozioni Vediamo di seguito alcuni fattori chiave per dire ciò che desideri davvero in modo assertivo facendoti rispettare e rispettando gli altri.

Errori comuni nella comunicazione: cosa non fare

Se vuoi essere assertivo devi evitare alcuni errori nel comunicare con gli altri. Se combinati, questi tre punti, rendono complessa la comunicazione con gli altri:

- Non dire "mi sembra che" o "credo che" come se si trattasse di una dichiarazione dei tuoi sentimenti o di un'affermazione su te stesso. Esempio: "Credo che sei un pessimo ascoltatore quando mi interrompi mentre parlo."
- Non accusare il tuo interlocutore basandoti su congetture riguardo a ciò che credi che voglia fare. Esempio: "Ho la sensazione che tu voglia litigare."
- Non interpretare i comportamenti altrui. Esempio: "Credo che ieri non mi hai detto di uscire insieme perché non ti interesso più."

Concetti chiave dell'assertività: cosa devi fare

Per evitare gli errori appena descritti e poter avere relazioni sane evita le cattive interpretazioni, le seguenti spiegazioni ti risulteranno utili per imparare a dire ciò che pensi e affinché l'altro capisca a fondo le tue intenzioni comunicative.

- *Parla sempre in prima persona.* Così facendo eviterai che l'altro si metta sulla difensiva e manterrà l'attenzione per capire cosa può fare per cambiare. È importante descrivere i propri sentimenti e spiegare perché si sono manifestati proprio quelli. Esempio: "Mi dispiace e mi rende triste che non mi abbia domandato come è andata la mia giornata."
- *Descrivi per quale motivo ti senti nel modo in cui ti senti, qual è la causa del tuo stato d'animo.* Non devi lanciare accuse ma spiegare cosa provi quando accade una determinata cosa, evita che possano sorgere incomprensioni. Esempio: "Mi spavento e provo paura quando ti metti a urlare.", "Mi rattrista notare che non dici nulla quando ti racconto i miei problemi."
- *Richiedi ciò che credi necessario per risolvere un problema.* Se non chiedi ciò che vorresti starai semplicemente esprimendo i tuoi sentimenti senza fornire all'altro gli indizi per migliorare la situazione. Non devi dare per scontato che l'altro sappia ciò che deve fare per aiutarti. Metti la

giusta enfasi in ciò che senti e in come l'altro può venirti incontro o migliorare. Esempio: "Mi intristisce notare che non mi domandi come sia andata la mia giornata, mi sento meglio quando ti interessi per me."

L'ABC dell'assertività, struttura delle affermazioni assertive

Ecco la struttura ideale di una frase assertive: "Mi sento X (sentimento) quando fai Y (azione). Mi sentirei meglio se facessi C (richiesta)."

Sembra facile ma può richiedere un po' di allenamento riuscire a inserire questa modalità di comunicazione nel modo di relazionarsi quotidiano. La buona notizia è che è efficace e richiede solo un po' di esercizi anche nella vita di tutti i giorni, durante situazioni apparentemente futili.

Consigli per imparare a parlare con chiarezza

A tutti noi è capitato almeno una volta di trovarci a parlare con qualcuno e notare che la comunicazione non è fluida, chiara, orientata alla comprensione reciproca di un tema e alla presa di decisioni.

La comunicazione è senza dubbio uno dei pilastri delle relazioni umane, imparare a parlare con chiarezza è fondamentale per poter gestire le relazioni interpersonali nel contesto di interazione rispettosa, che lasci spazio alla costruzione di accordi, delle comprensioni delle individualità e la capacità di andare oltre le differenze tra sé e l'altro.

La comunicazione si complica quando viene emessa da posizioni confuse, contraddittorie e ambivalenti, ad esempio nel caso di persone in cui un giorno hanno un'opinione e il giorno seguente un'altra in base alle loro emozioni quotidiane, oppure nel caso di quelle che hanno un'idea ma la cambiano dopo aver parlato con altre persone, ecc.

Tutto ciò porta al crearsi di incomprensioni che possono portare più facilmente a conflitti e a confusione che sfociano in complicazioni su vari livelli nelle relazioni interpersonali.

Come parlare con chiarezza

Regola le emozioni

La premessa è quella di prestare attenzione alle proprie emozioni del momento, c'è chi sconsiglia di parlare quando si è profondamente tristi o felici perché ciò che si dice potrebbe non corrispondere a ciò che si vuole esprimere davvero. Quando si vive un'emozione in modo forte è meglio restare in silenzio per riflettere e capire se ciò che si vorrebbe dire corrisponde a ciò che si desidera.

Qualsiasi idea deve partire da un argomento con fondamento valido

Spesso iniziamo la frase con "A me non piace che…", "Secondo me non…", andiamo oltre il semplice "no", è importante mostrare un fondamento alla propria posizione altrimenti rischia di sembrare volatile e confusa. Chi parla solo partendo dalle sue emozioni offre un contesto troppo limitato per poter stabilire vincoli chiari.

La comunicazione non è scritta sulla pietra

Quanto detto finora non significa che non si possa cambiare di opinione dopo aver definito un punto di vista. Tuttavia, questi cambiamenti di opinione non possono basarsi su cambiamenti associati a tematiche relative ai gusti personali, senza fondamento o solo a cambiamenti in ambito emotivo.

Non può cambiare sempre tutto nella vita, soprattutto se si parla di accordi, tuttavia quando è necessario farlo il criterio fondamentale è cambiare di opinione quando ci accorgiamo che esistono possibilità migliori per raggiungere i nostri obiettivi, che otterremo migliori benefici con un cambiamento di opinione che ci esponga da una nuova prospettiva, l'importante è che questi cambiamenti non siano capricci.

Parlare con chiarezza implica sviluppare un certo grado di fiducia in se stessi

Abbiamo già visto l'importanza dell'autostima, chi ce l'ha può definire una posizione da premesse più sane, in una conversazione:

- Può cambiare di opinione senza cercare l'approvazione altrui o di trovare il suo luogo nel mondo per fare felici tutti.
- Spesso i problemi emotivi interni ci portano a fare cambiamenti per compiacere qualcun altro, senza essere convinti e poi compaiono i conflitti.

- Altre volte ci concentriamo nell'accettare alcune situazioni per evitare conflitti e ciò ne crea di altri interni che ci portano a sentirci scomodi, a adottare comportamenti per assumere una determinata posizione per compensare le nostre insicurezze personali e ciò può sfociare in una comunicazione poco chiara.

Imparare a parlare con chiarezza implica darsi del tempo per costruire un dialogo

Per ottenere una buona comunicazione interpersonale non ci si può arroccare in una posizione né essere impulsivi, i cambiamenti nelle relazioni richiedono riflessione, analisi e dialogo.

Misurare le implicazioni positive e negative di una posizione è una condizione irrinunciabile del dialogo, pertanto è fondamentale imparare a parlare in uno stato di serenità che ti permetta essere oggettivo e orientato a cercare le migliore idee per scegliere l'opzione più conveniente.

Imparare a parlare con chiarezza è una sfida per la nostra crescita personale e per la nostra felicità, si tratta di un compito che è importante imparare nella propria vita.

Parlare con chiarezza implica darsi l'opportunità di capire che non stiamo sfidando l'altro

La comunicazione deve essere orientata a risolvere, non a competere con il prossimo né a difendersi; dobbiamo imparare a sviluppare accordi che ci permettano crescere e assumere posizioni che ci consentano ottenere il migliore beneficio per tutte le persone coinvolte nel dialogo.

Quando la comunicazione viene intesa come una lotta di potere risulta più difficile parlare con chiarezza perché si è sulla difensiva o pronti ad attaccare.

L'importanza di ascoltare l'altro senza squalificare la sua argomentazione

Non vale la pena partire dal presupposto che gli altri dicono solo "stupidate" o che non sanno cosa vogliono, questa posizione causa solo complicazioni emozionali e non aiuta nella ricerca di un termine medio. Qualsiasi relazione ha bisogno di dialogo per crescere. Parlare con chiarezza:

- È più semplice di quanto sembri e ti dà l'opportunità di controllare le emozioni che senti.

- Se impari ad ascoltare prima di parlare sarà sicuramente più facile.

- È positivo se assumi una posizione conciliatrice, aperta, pronta a negoziare se necessario per poter costruire una relazione basata su una comunicazione positiva.

Come farsi capire dagli altri, 5 consigli pratici

Ad alcune persone parlare con chiarezza sembra riuscire facile e naturale, per altre è più complesso e richiede maggiore concentrazione e controllo volontario sia del modo di parlare che del contenuto che si vuole trasmettere. Vediamo di seguito le difficoltà che possono comparire al momento di doversi esprimere verbalmente e come fare in modo che si venga capiti facilmente.

Problemi di espressione nell'utilizzo del linguaggio

Grazie al linguaggio possiamo descrivere quasi qualsiasi fenomeno reale o immaginario e fare in modo che altre persone siamo in grado di capire il significato di ciò che diciamo. In altre parole, siamo in grado di trasmettere informazioni molto precise e, inoltre, di introdurre "immagini mentali" o idee nella mente della persona che ci ascolta.

Ciò che rende questa abilità unica è il fatto che possiamo adattare le nostre parole, le nostre frasi e il nostro discorso alle circostanze e tenendo in considerazione non solo il contenuto di ciò che vogliamo dire ma anche il modo in cui il contesto può modificare o dare significato a quanto detto. Quindi ogni messaggio parlato o scritto che emettiamo è unico dato che i contesti in cui sono creati lo sono.

Tuttavia, proprio questa natura adattativa, dinamica e fluida del linguaggio fa che sia relativamente facile che si creino confusioni e malintesi tra interlocutori.

Come parlare chiaramente per essere capito

Alcune persone generano, involontariamente, messaggi difficili da interpretare che normalmente causano incomprensioni; vediamo di seguito alcuni consigli per parlare chiaramente dato che il linguaggio è qualcosa di appreso e modificabile attraverso un allenamento adeguato.

1. Parla lentamente

È il primo passo per farsi capire dal prossimo e ti aiuterà a mettere in pratica anche i seguenti consigli. Non si tratta semplicemente di utilizzare in modo saggio le pause all'interno del discorso ma di rallentare in generale l'eloquio assicurandoti che ogni parola venga pronunciata lentamente e con attenzione. Puoi fare prove in casa per assicurarti di non raggiungere un livello di lentezza che risulti artificiale e fastidioso per chi ascolta. Il fattore chiave è la costanza.

Parlare lentamente è una risorsa che, se utilizzata in modo adeguato, può dare importanza a ciò che si dice e conferire una certa autorità a chi parla.

2. Evita riferimenti strani

A volte i problemi di comunicazione sorgono perché per esprimerci utilizziamo riferimenti sconosciuti all'interlocutore. Ciò accade in modo particolare quando si parla con persone che non fanno parte del nostro circolo sociale più stretto e che hanno un bagaglio culturale molto diverso dal nostro.

Il problema principale è che in questo tipo di situazioni il riferimento a un libro o a un film, per esempio, non viene colto come tale e si creano situazioni confuse in cui l'altra persona non capisce cosa gli è stato detto, né come rispondere visto che non possiede indizi per interpretare la nostra intenzione comunicativa.

È il caso quindi di lasciarsi guidare dall'informazione che abbiamo riguardo al nostro interlocutore per capire in che ambiti culturali ha più o meno conoscenze dato che non dovremmo fare a meno di questa risorsa che arricchisce le conversazioni e le rende stimolanti.

3. *Assicurati di proiettare adeguatamente la tua voce*

In alcuni casi il problema in fase di espressione ha a che fare con il fatto che la persona parla a voce troppo bassa e gli altri non riescono a sentirla. Ciò può avvenire per diversi motivi, uni dei più comuni è la timidezza. Chi è molto timido e si preoccupa riguardo a ciò che gli altri potrebbero pensare di lui, cerca di "mascherare" ciò che dice per fare in modo che i possibili errori vengano notati di meno ma al prezzo che tutto il discorso non viene colto nella sua interezza.

In questo caso vale la pena combinare esercizi di proiezione vocale davanti allo specchio e lavorare anche a livello psicologico la timidezza e la vergogna.

4. *Praticare la pronuncia*

Se si vuole parlare con chiarezza è importante interiorizzare lo schema di movimenti muscolari che portano ad articolare bene le parole, senza errori. Per fare ciò non esiste altra alternativa all'esercizio e la pratica ponendo l'attenzione sugli errori: invece di vergognarsi di essi puoi considerarli una sfida e ripetere ciò che pronunci facendo attenzione a migliorare in modo costante.

Con il tempo farai attenzione a ciò che dici in modo sempre più automatico e fluido e potrai così prevenire errori prima ancora di pronunciare le parole.

5. *Cerca aiuto*

Nel caso in cui tutti i problemi appena elencati diventino troppo complicati da affrontare in modo autonomo puoi chiedere aiuto a logopedisti o professionisti formati nell'ambito della voce. Scegline uno in base al problema principale che pensi di avere, non è la stessa cosa affidarsi a qualcuno in grado di aiutarti a migliorare la pronuncia che a qualcuno che ti insegna a organizzare un discorso.

Dire ciò che pensi ha un'infinità di benefici. Hai il coraggio di praticare questa abilità?

Dire ciò che si pensa e praticare l'arte dell'onestà ha incredibili benefici per la salute. Non dobbiamo perdere di vista nella nostra bussola emozionale che dire sempre la verità riguardo ai nostri pensieri, giudizi e opinioni ha comunque un certo limite. Si tratta del rispetto, della considerazione altrui e dell'empatia.

Lo sappiamo bene, dire la verità può fare soffrire. Tuttavia, un dolore momentaneo può aiutare l'altra persona a crescere e ad assumere un nuovo punto di vista con cui maturare, possiamo quindi apportare qualcosa di positivo. Insomma, dire ciò che si pensa richiede una certa dose di coraggio, sicurezza personale e autenticità.

Benefici di dire ciò che si pensa

1. Dormirai meglio la notte

Esistono poche cose così rilassanti e salutari come andare a letto con la coscienza a posto. Le persone che sono in gradi di dire ciò che pensano, sempre con rispetto e assertività, hanno una migliore salute emotiva e gestiscono meglio lo stress.

L'arte di essere sinceri e di parlare senza paura e con il cuore in mano ha comunque bisogno di tempo e di molta pratica. Nonostante ciò ti assicuriamo che può essere il miglior rimedio contro l'insonnia causata dalla pressione della vita quotidiana.

2. *L'opinione degli altri non sarà più estremamente importante*

Quando uno riesce a lasciare andare ciò che lo infastidisce, a tradurre in parole le sue preoccupazioni e a mettere limiti nella sua vita affinché gli altri non calpestino la sua dignità, inizia a dare sempre meno importanza alle critiche altrui.

Da quando una persona inizia ad agire con coraggio, mettendo in chiaro chi è, con cosa si identifica, ciò che le dà fastidio e ciò che non vuole più nella sua vita automaticamente smette di preoccuparsi di cosa potrebbero pensare di lei. Perché quando uno sa chi è, ciò che pensano gli altri perde totalmente valore.

3. *Smetti di cercare di piacere a tutti*

Quando dici ciò che pensi smetti anche di preoccuparti del bisogno di piacere agli altri a qualsiasi costo.

Dovresti aver capito che chi ti elogia, ti ama e ti rispetta lo fa perché ti stima veramente. Dovresti avere sempre chiaro che uno degli impedimenti più grandi a crescere è la costante necessità di piacere agli altri e di cercare di essere come gli altri si aspettano che tu sia.

Pensare e agire di conseguenza mina la tua autostima e il tuo benessere, smetti di temere di esporti per quello che sei e di esprimere a voce alta ciò che pensi. Se a qualcuno non piace come sei può allontanarsi.

4. *Arriva un momento in cui ti preoccupi solo di fare ciò che ti rende felice*

Quando arrivi a questo livello di coscienza è il momento in cui la tua priorità risiede nel tuo benessere e non per un atto di egoismo. La nostra società tende a spingerci a "fare bella figura", al prendersi cura del prossimo nonostante questo abbia ripercussioni sulla tua salute e integrità. Sembra che a volte dimentichiamo quali sono le nostre priorità.

Stare zitti per non offendere, restare in silenzio per evitare le critiche o dissimulare che qualcosa che ci ferisce o offende non ha senso se stiamo male. È importante capire che prendersi cura della propria autostima è fondamentale e non è necessario attaccare chi abbiamo davanti per farlo.

Al prenderci cura di noi stessi capiamo anche l'importanza del rispetto che meritano gli altri.

5. *Fai pace con la vita*

Quando esprimi ciò che pensi e trovi il coraggio di dire a voce alto ciò che provi, senza paura e pregiudizi, tutto cambia. Ti senti in pace con chi ti circonda e con la vita in generale.

Dire ciò che si pensa aiuta a liberare carichi inutili che bloccano la mente. Parlare in modo assertivo è un autentico investimento in benessere psicologico e prendersi cura della propria autostima mettendo limiti e dicendo sempre la verità ha sempre effetti positivi sul benessere individuale.

Le migliori tecniche per dire le cose senza che l'interlocutore si infastidisca

La sincerità a volte è sopravvalutata, esistono persone capaci di dire le cose, anche spiacevoli e giustificarlo dicendo che "sono sinceri". Esiste una linea sottile tra la sincerità e la cattiveria, la capacità di essere una sorta di "cecchino" della tua verità.

In fondo, l'obiettivo dell'essere sinceri è quello di trasmettere ad altre persone un punto di vista e fare in modo che attraverso di esso conoscano un'altra verità e mettano in dubbio un pensiero, se non si ottiene ciò esprimere la tua opinione non serve a nulla. D'altro canto, è importante imparare a dire ciò che pensi o senti senza paura del giudizio altrui. Si tratta di un esercizio di coerenza verso se stessi. Come abbiamo detto più volte, una buona modalità di esprimere un pensiero si situa tra l'empatia e l'assertività ed esistono diverse tecniche comunicative che possono aiutare a raggiungere tale obiettivo ossia dire ciò che pensi e fare in modo che ciò venga accolto a braccia aperte.

La tecnica del sandwich

L'abbiamo già citata in un precedente capitolo ma vale la pena riprenderla. Il segreto sta nello strutturare la frase esprimendo i concetti nel seguente ordine: Positivo - Negativo - Positivo.

Se devi esprimere un commento negativo o una critica inizia partendo da un elogio, inserisci il messaggio non del tutto piacevole che vuoi comunicare e concludi con un ulteriore complimento e pensiero positivo. Iniziare e finire bene una comunicazione è una formula di successo che prepara il terreno per essere ascoltato in modo aperto e non in una posizione di difesa.

Esempio: "Ti ringrazio per la proposta, mi sembra molto interessante e prenderò spunto da ciò che hai suggerito perché alcune idee sono particolarmente adatte per il progetto. Tuttavia, credo che per il momento continuerò con la strategia che avevo già pensato. Che ne pensi se te la spiego appena la finisco? La tua opinione sarà sicuramente utile."

La tecnica del boomerang

In questo caso il suggerimento è quello di strutturare la conversazione con: Ascolto - Ammissione di colpa - Richiesta di essere ascoltato.

Ascoltare con attenzione ed empatia l'opinione del tuo interlocutore e prendere in considerazione il fatto che anche tu puoi sbagliare ti offre molto opportunità per ricevere lo stesso trattamento. Ascoltare l'altro è un presupposto essenziale per avere una conversazione civile ed empatica e per ricevere in cambio la giusta attenzione e comprensione di cui hai bisogno. Se lo trovi necessario sii onesto e ammetti i tuoi errori o debolezze, in prima analisi perché è un ottimo modo per dimostrare che sei aperto a conversare e ad aprirti all'altro e in secondo luogo perché è una buona strategia per dimostrare che sei cosciente di essere umano e non sempre perfetto.

Esempio: "... hai ragione e ti capisco. Dal canto mio vorrei chiederti scusa nel caso abbia detto o fatto qualcosa che ti ha infastidito, credo che non mi sono espresso al meglio e le mie parole sono state mal interpretate."

La tecnica dello scoprirsi

In questo caso il suggerimento è quello di strutturare la conversazione così: Mi dispiace per - Rinforzo positivo.

Le emozioni si contagiano parlando di esse perché quando esprimi ciò che provi le persone sentono empatia nei tuoi confronti al conoscere l'emozione precisa a cui ti stai riferendo. Un'emozione non può essere messa in discussione a differenza dell'evento che l'ha provocata, nessuno può infatti avere da ridire su come tu senti. La gente di solito non è cosciente delle conseguenze delle sue azioni sullo stato emotivo degli altri quindi descrivere le tue emozioni è un atto di apertura che probabilmente sorprenderà e farà riflettere le persone a cui ti rivolgi.

Esempio: "Ho la sensazione che non conti su di me per fare alcune cose e mi farebbe piacere invece poter prenderne parte."

CONCLUSIONE

Ci auguriamo che questo testo sia stato in grado di chiarire il concetto di assertività e di farti capire l'importanza che ha nelle relazioni e per il tuo benessere personale.

Speriamo di avere fornito sufficienti esempi per aiutarti a riconoscere il tuo stile comunicativo e, eventualmente, per migliorarlo ed essere in grado di acquisire quello assertivo così utile al momento di entrare in relazione con gli altri e poter risolvere conflitti di vario tipo.

Già Mahatma Gandhi espresse con questa frase diventata un aforisma l'importanza dell'assertività: *"Un no pronunciato con convinzione è molto migliore di un sì pronunciato unicamente per compiacere o, ancora peggio, per evitare problemi."*

Lascia quindi da parte la passività e l'aggressività e metti in pratica gli esercizi e i suggerimenti che ti abbiamo voluto presentare per cambiare e far fiorire relazioni sane e basate sul rispetto verso gli altri ma anche verso te stesso.

TI POTREBBE INTERESSARE ANCHE…

Intelligenza Emotiva: Come gestire le emozioni, risolvere i conflitti e migliorare qualsiasi relazione (Comunicare Meglio Vol. 1)

Per la maggior parte delle persone le emozioni restano ancora un mistero...

...Come se le emozioni fossero forze oscure che hanno il potere di impossessarsi di noi e guidare il nostro comportamento indipendentemente dal nostro volere. Per fortuna, però, non è così.

Grazie a questo libro, scoprirai come governare i meccanismi che regolano le tue emozioni per esprimere al meglio il tuo potenziale: riuscirai a controllare i tuoi stati d'animo e a migliorare qualsiasi relazione, anche quelle più complicate.

Probabilmente ti sarà capitato di sentire o di pronunciare frasi del tipo:

- «Non so cosa mi è successo, ero fuori di me quando ho agito in quel modo».

- «Cosa ci posso fare? Sono fatto così».

- «Ogni volta che devo incontrare quella persona o devo fare quella cosa mi sento male».

- «L'ansia mi assale».

- «Sono sotto stress».

- «Mi è venuta la depressione».

Capita a tutti. La verità è che un quoziente intellettivo altissimo non mette al riparo da grandi fallimenti, come la crisi di un matrimonio o la rottura di rapporti lavorativi importanti. E' necessaria un'altra forma di intelligenza.

Al giorno d'oggi, fattori come l'autocontrollo, la perseveranza, l'empatia e l'attenzione verso gli altri sono diventati fondamentali per vivere serenamente ed ottenere successi personali e lavorativi. **In una parola, l'intelligenza emotiva.**

Ecco cosa scoprirai all'interno di questo libro:

- Che cos'è esattamente l'intelligenza emotiva

- Come riconoscere sia le tue emozioni, sia quelle degli altri

- Come gestire le tue emozioni, anche quando sono forti e distruttive (come la rabbia o l'invidia)

- Come risolvere qualsiasi conflitto, sia nella vita personale sia in quella lavorativa (i tuoi colleghi rimarranno a bocca aperta)

- Come costruire relazioni positive e produttive - ed evitare che finiscano male!

- E molto altro...

Leggendo questo libro, scoprirai come funzionano le nostre emozioni per riconoscerle e gestirle al meglio. Dì addio ad inutili litigi, discussioni senza fine ed energie negative... Invece, inizia a dare il benvenuto a **relazioni positive e fruttuose.**

Inquadra il seguente codice QR con la fotocamera del tuo smartphone per iniziare a leggere *Intelligenza Emotiva* di Giulia Nobili.

* 9 7 9 8 6 5 2 0 3 2 4 5 6 *